HOLD 不住的才是人生

謝依霖
HOLD住姐 著

媽媽、老婆、女兒、女明星，沒有一個做得好，卻把自己過得很好！

什麼都做不好，卻把 半吊子的生活過得很好

你們有沒有聽過一個段子。

「不要逼我認真，我認真起來自己都會怕。」

「那你就認真啊……」

「啊我就會怕啊……」

認真開始寫文章是 2022 年 4 月，當時是想把自己備孕的可笑事蹟記錄下來。

有天晚上難得我跟先生倆在家小酌，婚前這是天天日常，婚後算是逢年過節才有的節目……人啊，真的要懂得珍惜自由的空氣。

我跟他說：「我想寫一些東西應該很好玩。」

「妳寫啊！」

「但是我覺得可能會 blabla……」

「妳想寫就寫啦！好囉唆喔～明天就寫！」

「怕你喔！」

　　直男的鼓勵就是這麼簡單粗暴，其實我真的是超怕的，到底怕什麼呢？當然是怕沒人看、怕做不好、怕別人笑我過氣、怕觀眾不買單等等等……看看現在怕東怕西的窩囊樣子，絕對想像不到三年前當我決定要把重心放在小孩身上的時候，很霸氣地跟自己說：「觀眾會等我，小孩的成長不會等我。」

　　陪伴他們是我現在必須做的事。不過才時隔三年，當時的霸氣跑去哪了？內心那是一個慌啊！不敢去面對這件事情，我很怕自己重新開始做很多事情都做不好。有什麼方法可以讓我不要做錯事呢？就是不要做任何事情，那就不會被批評也不會出錯不會受傷，只會永遠遺憾而已。

　　結果開始寫了之後，反應比我想像的好很多，大家一直鼓勵，觀眾真的會等我（淚）。身邊的人給了我很多想法，就這樣開始寫文章，腦海中的想法開始開花了，冒出好多想表達的東西，文章也就一直寫一直寫，寫到默默要寫成一本書了。速度快得連自己都覺得不可思議，一路從吳君如走成吳淡如，編劇都不敢這麼寫。

準備要出版這本書的時候，一直想不到書名，突然想到我剛爆紅的時候，還是個文化大學戲劇系四年級的在校生，為了上通告沒去上課，教授說：「謝依霖⋯⋯沒來⋯⋯那個把奶罩戴頭上的，又沒來上課，她還以為自己是個藝術家，其實就是個半吊子。」

　　聽到同學轉述我整個氣到裂開，我學表演不就為了要讓大家看到嗎？難道你寧可看到我來上課，卻放掉爆紅的大好機會嗎？當年我對這個學術派的教授不以為然，十二年後回頭看卻很感謝⋯⋯她是對的，我真的做什麼都是半吊子。

　　我不是真正的藝術家、也不是最頂尖的明星，不是 100 分母親、也不是完美的老婆，我什麼都做不好，卻把半吊子的生活過得很好。

HOLD 不住的才是人生

關於HOLD住姐 謝依霖

文／王偉忠

　　做了四十多年電視節目，我們經常與有才華、有特色的新人合作，陪他們吃苦、慢慢磨、慢慢熬，熬大了，磨成角色，就出頭了。

　　就像 HOLD 住姐，一開始她只是個在《大學生了沒》裡面表演「一秒變格格」的女孩，一個沒人理的醜丫頭，跟她聊天、聽她說話，才知道她是話劇社的社長，很努力、擁有很多創作能量。

　　謝依霖的趣味在於她有自己的生活態度，走紅前後，她沒什麼變，還是愛說自己是花蓮玉里人，家旁邊就是玉里精神病院，而她就是從裡面翻出來的！逗得眾人哈哈大笑。更重要的是，她完全知道如何將自己的不漂亮變成可愛，知道怎麼經營，願意吃苦又與人為善。

　　很多人問，HOLD 住姐到底為什麼會紅？我想是因為她

很自在地做自己，天生就是個喜劇人物，很懂得喜劇的節奏，而且她就是她自己，一個很好笑的女生，跟任何人都能侃侃而談，任何人都能交朋友。

人，就像音樂，也分為主流與另類，我真心覺得「寧可不通、不可普通」，千萬不要為了仿效主流而忘了自己的特色。

這樣的謝依霖身處在演藝圈裡，在一大堆美女中反而更耀眼，因為她不跟旁人爭奇鬥豔，開心扮演甘草人物，她從來沒有大頭症、不結群成黨，到任何新環境都能跟人交朋友，受歡迎，卻不會帶給別人壓力。這是她的造化，更是她的特色。

人的心中有兩個我，一個是表演出來、給別人看的我；另一個很少人能看見、只有自己才知道的自我。謝依霖能開心地做自己、開心地做表演，這是成為 HOLD 住姐最大的優勢。

我知道這樣的女孩對表演的熱情不是一下子，是一輩子。如果給她一百分，她可以發展成一千分，但誰能想到她在成為「電影明星」的時候，決定結婚生子、回到花蓮，還一生就生了兩個！然後，人生變出⋯⋯更多故事。

看到 HOLD 住姐出版這本《HOLD 不住的才是人生》，把自己的人生當成素材，在極端痛苦中仍能自嘲出喜感，很高興她邁上作家之路，深深祝福。

為 謝依霖的書 寫的～

文／蔡康永

　　以前我喜歡鍛鍊我腦子的書，但現在我更喜歡給我力量的書。

　　謝依霖的書，就是會給人力量的書。

　　她的智慧，是「生存者的智慧」，或者說是「過日子的街頭智慧」，也許經不起追究，但很管用。

　　她一直說老天是只供應無菜單料理的廚師。你看完這本書之後，會跟我一樣，相信在老天的眼中，謝依霖是一位充分品嚐了料理滋味的，特別有意思的客人。

　　能夠支撐作者寫出這樣一本書的生活，是值得引以為傲的生活。

謝謝依霖寫了這本書，妳就是搞笑英雄！

文／德州媽媽沒有崩潰-Mumu

《六人行》這部經典美劇中，我最愛的角色就是菲比，她是整部劇中最奇怪、最好笑、最有趣的人。她擁有坎坷的童年，但是卻異常堅韌，還能成為眾人的開心果。

依霖在我眼中就是真人菲比。她在粉專上的文章，屢次成為我當天的快樂泉源，我很快就察覺到，她的幽默絕對不是純粹的裝瘋賣傻，而是她的機靈、她的情商，還有一些被生活磨練過的苦中作樂。

看完依霖的書，我再度被逗樂，還發現了她苦中作樂的苦，竟然那麼地苦。然而儘管再難的境遇，在她筆下最後都充滿了蓬勃的生機，就像羅曼‧羅蘭說的：「世上只有一種英雄主義，就是在認清生活真相以後，依然熱愛生活。」

謝謝依霖寫了這本書，妳就是搞笑英雄！

看完這本書，保證你當個好人

文/謝金燕

她

當媽　自取其「乳」

當女兒　「散」盡其職

當老婆　出得廚房　入得臥房

當女明星　謝依霖　值得你認識她

其實她 HOLD 不住的只有人聲

你 HOLD 心　我 HOLD 人

看完這本書　保證你當個好人

她的眼裡，
充滿著奇妙世界！

文／丹丹老師

　　我也不知道要如何寫出，對於此書的感動。

　　對於許多人來說，生命的許多過程就像是沉悶苦澀的劇情片，但在她眼裡就變成了迪士尼樂園，總是能用很清奇的視野與角度，來體驗生活的每一個當下。

　　這位地球樂園的冒險者，清爽地為大家帶來許多面向的理解，平易近人的文字裡，透露出對於生命的愛與智慧；如同蜜蜂般，自小就在生活裡汲取愛的花蜜，最後滋養著身邊的親朋好友們。

　　其中一些過程對我來說也有許多共鳴，在汲汲營營的人生路上，我們總是與人競爭，不斷向上成長，向上爬，等到終於走上頂峰時，卻無法好好地享受生命。

　　而在過往不斷蛻變的旅途中，我們總是有許多壓力，因為年輕，總覺得可以將這些壓力放在一旁，或直接遺忘在內

心世界的地毯下；許多過程都在心裡發酵著，直到我們變得憂傷或者不再快樂，甚至找不到一個人可以好好地訴說心裡話。直到這個時刻，我們才明白低處納百川。接納自己，接納他人，接納一切。偶爾接受一下自己什麼都做不到，也是一件很好的事情，內在誠實，總是能帶給我們許多的禮物，就只是好好地看見自己，然後一切水到渠成。

依霖似乎天生就具備著某種程度的內在誠實，我想這就是為什麼她能夠成為家人的仙子。對於父親的敬愛，對於母親的悅納，對於自身的尊重，對於孩子的敞開，以及與伴侶之間的彼此扶助。

這位超前部署自己生命藍圖的奇女子，用了短短三十年時間，將自己的生命之書演活了。她曾堅強感動他人，也曾經低迷、需要幫助，但她從未失落。她擁有自己的魔法，為家人、朋友以及所有與她接觸的人點石成金。

如果你看不懂育兒叢書，也不明白什麼心靈雞湯，更不懂什麼身心靈，也不愛各種人生大道理。歡迎！此書自有黃金屋！

祝福你，找到生活中遺落的愛之鑰，打開通往創造力與無限可能性的世界！

身為故事的男主角

文／Green

　　大家好我是 Green。在截稿的前幾天，依霖問了我能不能幫她寫一些話，我想說身為故事的男主角總算有些台詞了！我是個愛看電影的人，常常自詡是個電影人，依霖總是說我很幸運娶到電影明星，我覺得幸運的是我們倆在這命運多舛的電影裡，把劇情片硬是演成愛情喜劇片，對依霖的話就到這邊，畢竟維持高品質的夫妻關係，身為丈夫的 rule no.1「少說多做」。

　　這本書是依霖的人生故事，也有我們一家的故事，就讓我占用點篇幅留些話給兩個小孩吧！

　　平平安安：

　　我們跟大部分的父母一樣，希望你們未來能夠平平安安、快快樂樂地長大，所以將你們的名字一個取平、一個取安，

絕對不是因為我們覺得找老師取名不靠譜，而是，這麼重要的事情我們還是希望自己決定。若未來你們想改名只要自己決定好就去改吧，我相信你們能自己作主的。

如果你們在看這段話的時候很幸福很快樂那太好了，代表你們有認真在生活，感受這個世界。如果你們覺得不快樂，那趕快把書闔上，去你沒去過的地方，好好狠狠地玩，只有在不斷發現新奇有趣的事物時，這個世界才充滿無限可能。如果你發現離開生活圈很快樂，但放完假回來後又開始被烏雲籠罩，孩子……趕緊撤呀！這池子肯定有毒，不要害怕離開深耕多年的地方，有能力就改變它，實在沒心力就離開它，要相信自己能在任何時候整裝出發，重新開始。

最後也是最重要的事，就是請對自己誠實，你將不再自我懷疑，並且充滿自信！

前　言：什麼都做不好，卻把半吊子的生活過得很好 ／ 002
推薦序：關於 HOLD 住姐謝依霖　王偉忠 ／ 005
推薦序：為　謝依霖的書　寫的～　蔡康永 ／ 007
推薦序：謝謝依霖寫了這本書，妳就是搞笑英雄！
德州媽媽沒有崩潰-Mumu ／ 008
推薦序：看完這本書，保證你當個好人　謝金燕 ／ 009
推薦序：她的眼裡，充滿著奇妙世界！　丹丹老師 ／ 010
推薦序：身為故事的男主角　Green ／ 012

CHAPTER 1：我不是100分媽媽 //////////////

1. 明星當得好好的，幹嘛跑去生小孩？ ／ 018
2. 到底要不要生？ ／ 024
3. 死不了就想想怎麼好好地活 ／ 029
4. 生孩子原來就是棒十個月的賽 ／ 035
5. 懷第二胎，跟女兒上演不存在的房間 ／ 042
6. 第二次水中生產，五分鐘搞定 ／ 047
7. 百戰百勝育兒手冊：新手入門篇 ／ 053
8. 百戰百勝育兒手冊：說話篇 ／ 060
9. 育兒魔法百戰百勝：吃飯篇 ／ 065
10. 育兒魔法百戰百勝：交通工具篇 ／ 075
11. 真的要在疫情最嚴重的時候送小孩去上學嗎？ ／ 081
12. 不要代替你的孩子說話 ／ 086
13. 不寵愛就等於教育嗎？ ／ 091
同場加映：一男一女就等於一個好字？ ／ 097
小後記：我不談育兒，我才是被育的那個 ／ 101

CHAPTER 2：不完美老婆 //////////////

1. 霸道窮鬼與迷糊女丑：愛在肚子飢餓時 ／ 104
2. 是女鬼還是月老？ ／ 113

3. 幸福二人世界？／ 123
4. 歡迎光臨天公伯的無菜單料理 ／ 135
5. Blue 虎穴焉得虎子 ／ 150
6. 這個鍋阿翰得背 ／ 156
7. 節能減碳結婚去 ／ 162
同場加映：婆婆我愛妳！／ 167

CHAPTER 3：半吊子女兒

1. 我媽很特別，她特別瘋 ／ 172
2. 我的爸爸，我的英雄 ／ 177
3. 我人生最黑暗的時期 ／ 184
4. 祝有情人，冤各有頭，債各有主 ／ 190
5. 不喜歡從眾的媽媽 ／ 195
6. 賭徒世家 ／ 201
7. 每個賭徒都有一個受傷的靈魂 ／ 210
8. 爸爸肉搏虎頭蜂 ／ 217
同場加映：我的家庭真可愛 ／ 223

CHAPTER 4：身為女星

1. HOLD 住姐的誕生 ／ 228
2. 從鄉下人到女明星 ／ 233
3. HOLD 住我的自信 ／ 240
4. 女明星痔瘡日記 ／ 245
5. 痔始痔終——不經一痔不長一智 ／ 250
6. 別懷疑，我是一線女星！／ 259
同場加映：身為閨蜜——紀念 Viki ／ 264

後記：寫一本書原來是這種感覺 ／ 268
感謝 ／ 270

CHAPTER 1

我不是
100分媽媽

明星當得好好的，幹嘛跑去生小孩？

各位客倌，請待我娓娓道來……

二十六歲那一年，我發現自己月經竟然遲了一個多月，當下一驚！真的鬧出人命了？我們不是都避孕避得很嚴實嗎！難道溫泉游泳池裡的精蟲翻開泳衣游進來那種極低概率的事情也會發生在我身上（後來開始備孕之後才知道那根本是都市傳說），驗孕棒一驗，一條？再等一個月，月經還是沒來，再驗，還是沒有！跑到醫院檢查，醫生說，妳這是多囊性卵巢症候群，因為產不出健康的卵子，所以也不會有月經。原來如此！那我這幾年不就白避孕了嗎？醫生接著說，其實這也不是什麼太嚴重的問題，等到想要生小孩的時候再去治療就好了，聽完這話，我就放心地不避孕了。

2018 年 2 月，我懷孕了！！！謝謝！實在是太放心了你這個蒙古大夫！（開玩笑的啦，我只是想用花木蘭的台詞而已。）

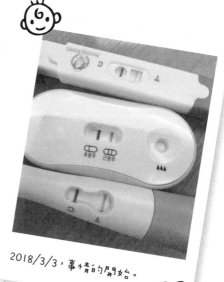

　　既然我都知道自己是不容易受孕的體質，當然有了就會想生，而且我跟 Green 一直以來都是夢想著以後要生一打小孩的，早生晚生都是生，別想了，來了就生吧。我的個性就是，不做怎麼知道會不會後悔呢？

　　就這樣生了第一個，還沉浸在第一次當媽媽的美好，完全沒有考量現實生活賺錢不賺錢的，只想快點再生一個，畢竟我們是想生一打的，不快點進行可是不行的。OK……心想事成，又懷孕了，說好的不孕體質呢！！

2018/3/3，事情的開始。

BABY

　　命運就是這麼有趣，在我生完第二胎，準備摩拳擦掌殺回職場的時候，疫情就來了。連生兩胎加上疫情，屋漏絕對偏逢連夜雨，這時候又發現我老公生病，就這樣我三年沒有工作。這是我長大以後的第二次大低潮，第一次我怨天怨地，第二次，我知道這一切都是我自己選的，而且跟很多人比起

來，我已經很幸運，也很幸福了，我不應該抱怨人生，不應該不開心。但就是因為我不准自己不開心，不願意面對自己的負面情緒，導致陷入更深更深的憂鬱。我腦海裡只剩下一個聲音：「我沒有不開心，但我不想活下去。」

這句話一直在我腦海裡迴盪，我沒有跟任何人說。但我真的覺得好累好累好累，當個人好累，好好活著好累。當時我就發現人設真的很可怕，我已經穿上了「樂觀」的人設，我下不了台。我不敢承受大家覺得：「天呀！妳不是很樂觀嗎？」「妳不是總是在勸我們要看開嗎？」對呀，**我這麼樂觀，總在勸人要看開，怎麼可以自己看不開呢？我可是快樂專家，怎麼可以憂鬱，就好像減肥專家不能肥，育兒專家不能崩潰，婚姻專家不能離婚一樣。我不能。**

我想起了美劇《陰屍路》的一段劇情，一群人一直不斷失去親人，失去生存的空間，被死人追殺，還被活人算計。但在逃亡的時候他們玩一個遊戲，叫做「看到好的一面」，例如他們會說：「至少我現在跑得很快。」「我不用擔心貸款繳不出來了。」

這個時候我突然可以同理我媽媽了，我第一次感受到她說的：「我就是控制不住自己憂鬱。」原來憂鬱的念頭像是

泥沼一樣，真的是控制不住的。你越用力掙脫，就越陷越深，你只能，求救。我想到曾經的我，站在泥沼外面，看著陷進去的人，想著：「你不要再演了。」「你就是不想讓自己好起來。」這樣的我，多麼殘酷。感謝老天，讓我知道自己多無知。病為什麼會是病，為什麼會需要心理醫生？我想如果沒有親自掉進泥沼，是很難真正理解的。其實也不需要理解，這不是人生必修課程，幸運的人可以永遠站在泥沼外面。當然你可以置身事外，把自己照顧好就行了，並不一定要你幫助別人，但請千萬不要再多踩一腳，更可怕的是，**有些人以為自己拋下去的是救人的繩索，其實卻是落井的石頭。**

每當我在受訪的時候講到這段，其實已經很努力用最隱晦的字句來包裝我的低潮，但還是免不了有人會說：「女明星還能多慘，不要出來賣慘。」看到這些字句我突然感悟了！我錯了，我不該隱晦地包裝，我就要大聲地哭！我要大聲地賣我的慘，我都慘了，還不能賣嗎！！！我還要寫成書！氣死你們！我現在不只賣笑，賣身，還賣慘，有什麼賣什麼！全部變現啦！

到底要不要生？

　　有次參加「鬆頌 chansoul ｜療癒髮室」的開幕活動，我與主理人 Migon 是拍攝電影《小時代》1.2 的時候認識的，當天到場的有很多也是當年一起去上海拍戲的瘋女人，一轉眼，大家都生一堆小孩了。

　　我們沒有想過十年再聚是這個畫風。十年前我們聊工作、愛情，十年後聊育兒（當年那些在飛機上遇到兒童哭鬧就要亮刀的女子已然不在）。難得有個場合給我們這些媽媽們偷個閒出來療癒身心，大家聊得好不開心，正當此時，突然間有個未婚未孕的女子說：「妳們覺得生小孩到底好不好啊？」

　　在場其他已婚已孕女子全部沉默了。我不知道其他人怎麼想的，**每次遇到這個問題我腦海就有兩個畫面在打架。一個是我狼狽不堪對著小孩大吼大叫，而小孩大哭大鬧，全家灰飛煙滅的樣子。一個是小朋友躺在我身上或牽著我的手，**

我們安靜對視的樣子。一幕是我最討厭自己的樣子，一幕是我最幸福的樣子，始作俑者都是同一個人。

這一題實在太難，這讓我想到「德州媽媽沒有崩潰」發過一篇討論「後悔生小孩」這個議題的文，聊得沸沸揚揚，終於給我找到一個蹭熱度的破口了。

後悔？值得？都太難回答這個問題了。硬要回答的話，我會把生孩子跟買房子拿來比喻。選定好不生，就像決定只要租房，沒什麼好壞，只代表妳願意把錢跟時間投資在其他事情上面。

沒有房貸的人生，What a Wonderful World!!!!!! 爽～有錢又有閒！你可以住進理想中的房子，不喜歡就換一間，不需要把錢都丟到房貸裡面。不過房子不一定是你最喜歡的樣子，可能還是妥協之下的產物。就像沒有小孩的人生，有了多餘的錢，每一分錢都可以花在你個人的刀口上，想出國就出國，想進修就去進修，想跟老公離婚就跟老公離婚，豁達又率性，不需要忍任何狗屁，不需要聽別人教你怎麼教小孩，也不用擔心小孩生病怎麼辦，長大學壞怎麼辦？輕鬆簡單又自在，一切以你個人「爽」為最重要的原則。

但！如果你心裡其實是想有小孩的，那只能說，天堂有

路你不走，地獄無門你偏闖（喂～不是說沒有好壞嗎？）開
玩笑的啦，我愛我的孩子，重來兩百次也是生。我的多重宇

宙裡生不生只有 one way 就是生，頂多就是在跟「吳彥祖」生還是跟「美崙吳彥祖」生之間選擇。既然選好了要生就快點，就像買房子，有了能力就趕快下手。

房子總是越來越貴，越來越難買（我不知道未來啦！我是拿現在來比喻），明明想買卻越拖越久，最後發現成本越來越高。當然我是絕對不推薦那些連負擔自己生活都有問題的人生小孩，套一句我曾經最要好朋友的話：「有錢人才叫傳宗接代，沒錢叫抓交替。」

這雖然乍聽滿傷人，但也不是沒有道理。看過很多幫父母背一堆賭債，或是照顧無保險久病父母的案例。有愛的背負這些也就算了，很多是沒有愛，單純是愚孝道德綁架。大多是悲劇的延續，「換你當鬼」的抓交替人生。錢不是萬能，但是自己選擇窮跟被選擇窮完全是兩回事。

我是建議，想要生並且有能力多照顧別的生命的人，不要想太久，想做就快去做，晚了比較容易後悔。如果總是在等待完美的時機點，蹉蹉跎跎反而錯過。

有人跟我說：「妳很有勇氣，在工作最好的時候選擇去生小孩。」我心想：「我還沒掛誒，你怎麼知道我什麼時候最好呢？我才剛要開始呢！」

生了孩子跟買房子很像，
這選定好不生，就像決定不要再買房子。
沒什麼好壞，又代表你願意把錢跟時間
投資在其它事情上面。

HOLD 不住的才是人生

死不了
就想想怎麼好好地活

有一句話說，好死不如賴活，但我總是想，幹嘛要賴活，死不了的話就好好活啊。

　　叫我不要賣慘的人也沒有說錯，從很多角度看我其實很幸福，但這就是我憂鬱的主因啊！連抱怨都沒有資格，我就是不敢抱怨才讓自己陷入憂鬱的泥潭的。於是我決定一定要去找心理醫生，可是該死，在最需要心理醫生的時候，疫情最嚴重，我想著如果冒險去醫院看醫生，不小心染疫了怎麼辦（當時是超級恐慌時期，不像現在確診幾次都沒在怕的），孩子這麼小，萬一害他們也染疫怎麼辦？好！等疫情過去，我一定要去看心理醫生。但現在我總需要想想辦法吧。

　　有天晚上，老公正在哄小孩睡覺，我一個人走下樓，打開手機聯絡人資料，想找一個可以承受我的負能量的人。我誒，國民好閨蜜誒，怎麼可能找不到人接收我的垃圾！想了

2021/2/27,
當時的我，內外一樣混亂。

想，這個人必須收到垃圾也不會有壓力，不會被我汙染……A剛流產自己也很喪，B會過度擔心可能沒兩天又來確認我好

不好，C講話很空洞，D會叫我看開一點……天啊！國民好閨蜜招牌一夕砸毀！還真的不知道可以打給誰。我最後打電話給三妹，雖然我跟她平常互動沒有非常緊密，大概幾個月聊一次天，一年見幾天而已，而且我總覺得她很沒團隊精神，整天只會打電動，但她有三大優點。一，她得過憂鬱症，可能有一些前輩意見可以分享。二，她水瓶座的，不會勉強自己聽我抱怨。三，她不會太擔心我，她在意的事情只有她自己。哇！滿滿的優點呢～就決定是妳了！**其實有時候缺點跟優點很難片面因為一件事就下定論，就看用什麼角度去解釋了。**

我記得我跟我妹講很久，我就一邊走路一邊講，具體內容是什麼我也忘了，但就是毫無顧忌地說，把我最不想面對的自己，全都坦誠地說出來，暗黑的我，自私的我，不知足的我，覺得全世界都對不起我的我，把所有的不愉快毫不掩飾地說出來。從冷淡講到激動，從哭講到笑，講到我要開一個「洩憤吧」，裡面可以砸手機砸電視，做一切一切不理智的事情，就像我現在一樣，讓人可以暫時失控一下。

從那天開始，我「慢慢」變好了，說慢也不慢，說快也不快，就是剛好大解封的時候，我也好得差不多了，不想再

找心理醫生了。當然這個過程不只那通電話，那只是一個開始，後來接觸冥想、身心靈課程、上網找憂鬱症如何面對、運動等等……做了非常多的事情，算是疫情下的憂鬱居家療法啦，就是土法煉鋼，畢竟這也是我的憂鬱處女秀。但我並沒有想要再玩一次喔，就跟當兵跟生小孩一樣，體驗過就好，完全沒有想要多玩幾次。

　　各種你想得到的，能在家裡做的方法，我都嘗試過。很多事情就是這樣，沒試，怎麼知道有沒有用呢？有些對別人有用對自己不一定有用，試了，就知道適不適合了。太多方法，我無法歸類出哪個是最棒的，**但我覺得最重要的是，你要承認自己在泥沼裡，我很悲傷，我很憂鬱，我不快樂，面對自己真實的狀況。有些人是被推下去，有些人是自己跳下去，有些人是為了拉別人掉下去，任何原因都可能讓你陷進去，沒什麼好丟臉的，你如果不承認自己已深陷其中，那就永遠不可能出來。**

　　我丟掉我的人設，每個人都應該有不開心的權利，不開心很正常，有開心，就會有不開心，沒有臭，哪有香？只許自己開心，不許自己不開心，是不健康的。病態的正向，不如不要。我意識到一個狀況，情緒總是來得比思考快。例如

今天老公說了一句不好聽的話，一定是火先上來，然後再細想，我平常對他如何，他平常又如何等等，越想越氣。一定是先有情緒，再來一一細數生氣的原因。當情緒來了，它就是來了，你可以靠修養不讓對方或大家發現，但你必須看見自己的情緒，為什麼不開心，而不是強制自己不要不開心。面對它才能接受它進而解決它，最後才能放下它。不咀嚼情緒只管往沙發底下丟，最後反而更難收拾。

直到最近上完身心靈的課，我才發現，原來當時誤打誤撞用了一個很好的方法，就是**誠實地與情緒待著，不要想辦法清理它**。你越想要解決問題，問題就會越滾越大。你只需要看著它，不試圖解決它，也不試圖讓別人解決它。今天這個世界有一個錯誤，不是你做錯，而是這個世界誤導你出錯。相對的，有個人出錯讓你生氣，也不是那個人的錯，是這個世界太多錯用的能量，導致這個人犯錯，不需要去導正他，也不需要去導正自己。負面的能量就是一包垃圾，你不需要自己抱著，也不要丟給別人抱著，我們就都丟在地上，讓宇宙清走它。如果你們彼此拿著抱在懷裡，宇宙就不會發現：「哇，這裡有包垃圾。」**現在開始跟著我一起，實體垃圾不落地，能量垃圾不撿起吧！**

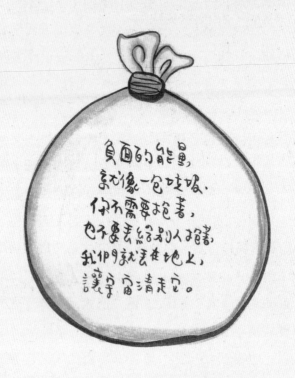

負面的能量，
就像一包垃圾，
你不需要抱著，
也不要丟給別人抱著，
我們就丟在地上，
讓宇宙清走它。

HOLD 不住的才是人生

生孩子
原來就是棒十個月的賽

2018 年 11 月，我挺著九個月大孕肚，下午五點起床，跑去吃麻辣鍋（我常常起床第一餐就是麻辣鍋），吃完麻辣鍋再去附近步道散步（將掩耳盜鈴貫徹在生活的女人）。差不多八九點回到家，打開《英雄聯盟》咆嘯深淵開始廝殺。一邊打電動一邊吃中秋放到現在的柚子，我的隊友還問我：「妳不是快要生了嗎？」

我說：「沒有想生的感覺啊，我現在只感覺柚子加麻辣鍋，棒賽感十足。」

就這樣一路打電動打到太陽出來才去睡覺。結果睡一睡肚子痛，起床拉完再去睡，睡一睡又痛醒，繼續拉肚子。Green 一直問我要不要去醫院，但我太睏了，陣痛一過，睡意就襲來，我選擇先睡再說（睡美人 is me）。就這樣在床上跟馬桶上反覆奔波到中午，直到痛到無法在陣痛與陣痛間睡著

HOLD 不住的才是人生

了，我才決定要去醫院處理這個問題，管你是要生小孩還是腸胃炎，somebody 就是快來 fix it!!

陣痛就像被鬼跟，陣痛一來就是鬼附身，瞬間雷電打擊喪失語言能力，陣痛一走又立刻回到人間。你只能趁著回到人間的一分鐘趕快走路，我就這樣穿梭陰陽界，好不容易來到醫院。

坐在櫃檯的值班護理師問我：「妳 怎 麼 了 ？」當下實在太痛，覺得全世界都在慢動作播放。

我：「痛⋯⋯」

值班護理師：「妳 先 去 尿 尿 。」

其實我真的尿不出來，但無力解釋，所以就以殭屍走法去假尿一波再回來。臉色比《咒怨》裡的俊雄還慘白：「尿⋯⋯好⋯⋯了」

值班護理師：「妳 第 一 胎 嗎 ？」肯定是樹懶的速度。

俊雄版依霖：「對⋯⋯」

護理師：「我 先 幫 妳 看 開 幾 指 呦 ^0<～」

很可愛，謝謝。但請妳快一點！！！！！！她一邊準備內診的東西一邊問我：「妳想打無痛嗎？」

因為我原本計畫是要在水中生產，可是水中生產不能打無痛，但眼看我是撐不下去了，什麼可以讓我解脫的都可以！妳現在端一碗鶴頂紅我也當 shot 喝，我乾杯你隨意啦！

石化＋俊雄化的依霖：「我。不。知。道。」

護理師：「妳想在水中生就不能打無痛，妳知道吼？那妳如果現在就撐不住的話，還要很久喔～妳知道吼？妳可能還要痛很久唷～」

我知道護理師都很辛苦，每天要處理這麼多孕婦，但是！妳不要再問我了！！我不知道！！我的理智線已經完全登出，我不知道也不 care ！！管他是水中生還是國中生高中生，我只想「即刻生」！！內心波濤洶湧，肉身卻一直石化跳針說：「我　不　知　道　。」

護理師套好手套：「好，我先幫妳看一下現在的狀況再來討論。」手一伸進去，「哇～已經開三指了！媽媽妳好強，妳好能忍喔！」然後馬上轉頭對產房大吼：「放水！！放水！！」

接著就轟隆轟隆～一群人把所有器材轟隆轟隆準備好、水放好。再來內診，全開（大概不到十分鐘）。

Green 也是完全狀況外被帶著走。爸爸來！簽這個，簽那

個，好，脫衣服，下水，你老婆準備好了！

我原本交代他，待產包裡面已經放好了精油蠟燭，歌單也準備好了（玫瑰花瓣就不用了，太誇張了）。到時候他要負責場地布置，此時 Green 不知所措地問我：「我……我還要點蠟燭嗎？」我真的覺得你在跟我開玩笑嗎？他還繼續問我：「音……樂

2018/11/3，捧寶當天的慘烈。

還要播嗎？」但願此時我有砲彈可以把他轟到宇宙外。我擠出最後一絲力氣說：「你 不 要 跟 我 說 話 。」

誰 care 什麼蠟燭音樂什麼鬼的啦！！你不要再給我廢話半句了！！！給我下水生小孩！！**我幻想中的情節是美人魚水中分娩，現實生活就是地震魚慘遭電擊嚴刑拷打**，吸！吐！吸！吐！搞了半個小時。牙齦差不多快咬碎的時候，蹦！一顆頭擠出來了！想不到陣痛就這樣停了，我女兒的頭就這樣

CHAPTER

卡在洞口。這才叫真正的卡到陰，一顆頭卡在我陰部。

　　我，Green，助產士，那顆頭，凝結的空氣。助產士打破僵局：「那我們先休息一下，妳要不要喝口水？」

　　我謝依霖主打的就是一個不拒絕人設。你敢要求，我就敢做，縱使我下體還擺著一顆人頭。OK，我順手拿起了旁邊的杯子，下體卡著一顆頭，喝了一口水。水剛吞下去，陣痛又來了！！一陣嘩啦嘩啦～身體終於出來了！那個 moment 痛感全部消失～立刻回到人間！天堂天堂哪～石化的我終於回到現實世界，終於可以正常呼吸。

　　生產前看別人的生產影片，媽媽都是泛著淚光，我以為這個 moment 會是感天謝地的時刻，但想不到此刻的我爽到只想爆笑一頓，送啦！！！！！！我忍不住 murmur：「好爽……好爽……終於出來了……」

　　直到我爽完才回過神來，誒，我的胸口躺著一個新的生物，這就是我跟我女兒的第一次見面。

　　「那個，妳好，我是妳媽啦，請多指教嘿。」

陳痛就像被鬼跟
　陳痛一來就是鬼附身，
瞬間雷電打擊喪失語言能力，
　陳痛一走又立刻回到人間。

懷第二胎，
跟女兒上演不存在的房間

　　我第二胎懷兒子的時候，不知道什麼原因，整個孕程恥骨都痛到炸裂，七個月後的每一天，我的大腿根部跟鼠蹊部誰也不讓誰，多走一步路都要我老命，每天都是用最 Hip Hop 的走法，寬到不行。正好當時女兒剛學會走路，我就 Hip Hop 追，邊追邊飆淚，所以基本上後期就是在家跟沙發融合，尿尿都要攢在一起尿，多走一步都是地獄。但人就是這麼「牙給」，癱在沙發上的 me 看著女兒，覺得她實在太可憐了，整天只能跟我待在家裡，活

在家無聊瘋的女兒。

生生上演《不存在的房間》。

　　有一天我覺得這樣下去實在不行，必須要帶她出去走走，不能只等到有其他家人的時候才出去，我們兩個人也能出去。於是我選了一個停車場就在對面，有兒童座椅，旁邊還有公園的餐廳。結果到了現場看到公園在整修，我的心已經涼了一半，但我就是陷入一個「都出來了」魔咒，車子好不容易停好，還是去吃一下好了。講到停車，奇怪每次停車前看位置都有這麼大〔　　　　〕，開始停車卻瞬間變成〔　〕，怎麼停都停不進去，這到底什麼巫術！

　　進到餐廳，一樓沒位置，我女兒還不會爬樓梯，抱她上樓這件事絕對會讓我恥骨尖叫，但，都出來了（永遠不懂得停損的 me）……咬著牙我還是抱她上樓了，一步一步似爪牙～♪～似魔鬼的步伐～♪～終於坐好了，等了十分鐘，沒動靜。**帶著一歲小孩出門吃飯的媽媽，不管臉上再怎麼佯裝優雅，心裡都還是有一顆未爆彈。現在看起來很 OK 但不是不爆，只是時候未到。**我緊張地拉著一個服務生，假裝一派輕鬆地說：「請問我可以點餐了嗎？」

　　「喔～你要下樓去櫃檯點餐喔。」

　　登愣！！

「你是說『下樓』嗎？」

不死心再問一次，心裡還有一絲期待，拜託你看看我一個大肚青蛙帶著一個野獸，求求你開開恩啊，幫我下去點一下拜託。

「是喔～啊要記得寫桌號喔。」

然後他就走了，我坐在位置想：

A.不要吃了，恥骨的命也是命，下樓回家。

B.來都來了，而且好餓喔。

很餓的我選了B，很窩囊地抱著女兒下樓，一步一步似爪牙～♪～似魔鬼的步伐～♪～再一步一步似爪牙～♪～似魔鬼的步伐上樓。食物終於來了，我真的是邊滴淚邊吃，情緒實在太複雜了。首先是很痛（身體上的想哭），再來是很討厭自己無能的樣子，但女兒已經沒耐心開始要番了，我還要抓緊時間哭，**演悲情人物還得兩倍速，下唇加速抽動，連悲傷也不給你版面。**

自此之後，很抱歉了女兒，妳真的只能跟我在家上演不存在的房間，只能等到老公或其他家人有空的時候，我們才能踏出家門！

後來才發現，一切都是大人自作多情，在孩子的世界裡，

樓下的公園跟迪士尼樂園一樣好玩。都是大人心理作祟，只要妳陪著她，不存在的房間，也是天堂。

　　貼心補充：如果有孕期恥骨痛的媽媽們，跟妳們說一個壞消息跟一個好消息，壞消息是：不管妳做什麼都不會改善，因為著床的位置就注定了恥骨一路痛到生。好消息是生完的當下，馬上就好了，不需要任何時間恢復，也沒有任何後遺症。

在孩子的世界裡，
樓下的公園跟迪士尼樂園一樣好玩。
只要你陪著他，
不存在的房間，
也是天堂。

第二次水中生產，
五分鐘搞定

　　2020 年 3 月 27 號，早上起床，吃了一個鮪魚蛋餅配大冰奶，出門前先把大冰奶魔法便便拉一個光光，快樂地去醫院例行產檢。

　　我當初選擇溫醫師，單純是因為他是剛來禾馨的新醫生，很輕鬆就可以掛到他的號，而且他的名字跟我一樣都有個霖字，所以我覺得我們命中注定。（雙魚座浪漫）

　　結果懷第二胎的時候，溫太醫憑藉著高超的醫術，以及面對孕婦各種荒腔走板的詢問都處變不驚的臉部表情控制，變成了超火門診！（恭喜他！）我原本還在想今天產檢要跟溫醫師討論，都三十八週了，乾脆催生好了，畢竟我也北上待產了一個禮拜，攜家帶眷實在有點麻煩。

生第二胎時的風平浪靜。

12:00

產檢到一半，溫醫師表示：「還是我現在幫妳看一下狀況好了。」

只能說，冥冥中自有定數啊！不看則已，一看……開兩指！！進～～～產～～～房～～～～我甚至連陣痛的感覺都沒有耶……硬要講，只有冰奶的魔法感（**一頂愛配**反式脂肪呦）。我還想，這麼早進產房是要在裡面等多久啊。

助產士進來產房又嘩啦嘩啦幫我放水，我就還沒感覺，到時候泡到皺掉還不生很麻煩耶。但也不好拒絕她們，說下水就下水吧⋯⋯

13:00

下水開始跟護理師閒聊，疫情啊～上一胎啊～護理師的工作辛苦啊～ blabla ～無聊到甚至開始聊股市。我心想，真的太無感了啦！！怎麼辦我要泡多久的水啊？助產士說請我跪著，不要躺著。直立才可以幫助胎兒下降，一跪，馬上感受兒子開始往下滑！

14:0X

Bo ！！我是孵雞蛋嗎？也太快了吧！我知道兒子是牡羊座的，想不到連生的速度也這麼牡羊嗎？一點過程都沒有的嗎？這胎只有真正在生的那五分鐘有痛到。上一胎的痛苦指數我給 120 分，這一胎直接剩 20，還輸給拔智齒。上一胎覺得太噁心，沒有人敢剪臍帶，這一胎想說 never try never know，還是剪一下好了，一剪，好噁！真的跟想像的一樣，還剪不太斷！我以為像剪綵一樣，結果 like 剪大腸，剪好幾

胎盤拓，美到我先生懷疑自己有藝術家天賦。

次才剪掉，有些事情真的不一定要嘗試，不過這次我就嘗試用胎盤拓印，美到我先生懷疑自己有藝術家天賦。

　　可能是兩胎相差得實在太近了，我完美演繹了「一回生二回熟」，可以說是「一回生，二回隨地生」的情況。第一胎痛感跟累感我給十分的話，第二胎可以說只有三分這麼少。不只是生得順利，連帶小孩也不再手忙腳亂，甚至神奇地聽得懂嬰兒的哭聲。而且當妳超有信心的時候，小小嫩嬰也會

被妳強大的氣場震攝住，我兒子絕對是百分百天使寶，自己醒自己睡，該吃吃該喝喝，搞得好像還沒脫離子宮一樣超有安全感。我個人都歸功於自己的態度夠端正，讓他覺得這個導遊很靠譜，交給她準沒問題！後面幾篇我再來跟大家解釋我的「導遊論」。

生命真神奇，也真美妙。感謝我兒子，從出生到現在都是天使中的天使，一點不讓我煩心（撇除牡羊暴脾氣一來就翻臉大吼跟偶爾動粗不算的話）。

我愛你兒子，**願我能陪伴著你探索這個美麗的世界，願你永遠保持對未知的熱情和期待。願愛、智慧、力量伴隨你成長。**

Life guide♥♥♥

當妳超有信心的時候，
小小妹的嬰也會被妳很大的氣場震最佳，
讓他覺得這個人生導遊很靠譜！
交給她準沒問題！ ——→

百戰百勝育兒手冊：
新手入門篇

不要再說孩子很難搞了，最簡單育兒菜單交給你！

0-3 個月：當國王／皇后

3 個月 -3 歲：當王子／公主

3 歲 - 無限大：當朋友

☆ 第一階段──零歲到三個月：
把孩子當國王／皇后

　　幻想一下，你如果初來乍到一個新的星球，正在適應新的身體，剛學會新的呼吸法，進食法，排泄法。什麼都聽不懂，連發音都不會。484 很不適應，很慌張，很不知所措，然後你的照顧者還想教育你讓你睡過夜，想要你每餐固定幾點吃吃幾 cc，讓你哭得撕心裂肺也不給你一個溫暖的擁抱，只因為

怕你「上癮」。試問現在的你會期待將來在這個星球的一切旅程嗎？

如果今天要出去玩，一出門就忘了帶錢包、踩到狗屎、錯過火車。導遊一上車就告訴你，為了你們好，我現在就要訓練你們：「上車睡覺，下車尿尿，懂嗎？我是為了你們好。」你會跟這個導遊建立信任嗎？拿遊戲來比喻的話，就是一開局就很鳥，讓人完全不想玩下去。我的個人淺見是，一開局就要讓他覺得：「這個人生旅程絕對讚的啦！！」

要怎麼讓他覺得這個人生旅程讚爆了？「窮盡所能隨時隨地配合所有需求。」其實這句話大家常常搞錯重點，總是著重在前面「窮盡所能隨時隨地配合」，忽略後半段「所有需求」。是老闆有點餐你才送，不要自己瘋狂送上門。例如小孩哭了，不要急著抱起來跟塞奶。孩子哭要立刻給他回應，走到他身邊，把手放在他身上，跟他說：「怎麼了？我在這邊，請問有什麼需要服務的嗎？還是只是想聽我說話呢？」不要覺得這很蠢，有時候這招真的有用！

不需要大動干戈泡奶抱來抱去姿勢喬來喬去，慢慢微調就好，再不行就看是不是有其他生理需求，而且要慢慢來不要慌張。如果你的餐邊服務員一臉很慌，一下泡奶，一下把

你抱起來，一下塞奶嘴，把所有餐點全部端出來，再往你嘴巴一頓猛塞，你是不是更痛苦？而且你會比這個服務員更緊張，心想：「完了，我的人生旅途嚮導感覺好菜！」一定是要先把態度擺出來，一臉就是我可以把你照顧得很好。

是的，是我生的。

ROCK

專注地、輕鬆地、穩定地。

你放心，交給我！我會好好照顧你。你要一直表現出：「我存在，我正在幫你解決問題，我不會放你一個人乾哭不理你，只要你需要隨時都有人在。」你的寶寶也會覺得：「誒可以～穩了～這個導遊 OK，我可以相信他。」這樣三個月下來，真的可以打下很好的基礎。（三個月真的不長，牙一咬就過了）

CHAPTER

☆ 第二階段——三個月到三歲：
   把孩子當王子／公主

　　總不好讓他們剛當完至高無上的王之後，馬上貶入凡間變庶民吧，當然是需要慢慢過渡的，溥儀都還有個滿洲國勒（開玩笑我歷史小白隨便舉例，勿戰，戰我就玻璃心碎給你看）。我們再來一次角色功課，**一個人連路都還走不好，到底是急著教育多少東西啦！！實在是不要揠苗助長誒～**

　　看到小孩到超商摸東西，馬上罵他這樣不行，這就是偷。或是覺得這樣他長大就什麼都想要。大人真的不要拿自己骯髒的腦袋想小孩誒～小孩的腦袋還沒有「偷」這個字，他就只是想知道每種東西的觸感而已，你可以帶著他認識這些東西，一起放回去。不能亂壓亂丟，可以拿起來觀察，拜託不要什麼都想要教育教育教育。

　　而且我現在觀察大家口中的「教育」就只是滿滿的禁止禁止禁止，不准他東，不准他西。他才剛學會走剛學會跑跳，你就幻想他可以 123 木頭人，要動就動要停就停，反正小孩啥事都不做就是對父母最大的方便，但**禁止真的不等於教育**，請大家不要再誤會自己是在教育了。告訴他們「不能」怎樣

的時候，同時跟他們說「可以」怎樣，不然他們剛學會這麼多技能卻什麼都不能，不是太憋屈了嗎？就幻想自己是他的輔佐大臣，輔佐他到三歲。在這個要長不長的時間教他如何正確使用剛學會的這些技能吧！

☆ 第三階段──三歲到無限大： 把孩子當你的好朋友

所有人都希望孩子大了可以跟孩子變成朋友關係，但說實在的，回想一下自己的童年。前幾天父母還在罵你，限制東限制西，突然他們發現有點不管用了，就給我換個方式進攻，零秒切換「好友模式」，你把媽媽當朋友啊，什麼都可以跟媽媽說～

當時的你怎麼想：「絕對是唬爛啦！想套我話？」「想話術林北？」

人與人的信任絕對是一點一點累積的，你把他當狗管了十幾年，突然說我們是朋友？根本不可能啦！誰會把你當朋友？累積十幾年的敵意沒把你當仇人就不錯了，還想變成好朋友？我呸～所以絕對要從小開始當他的好朋友，為什麼三

歲？因為基本的溝通已經都會了。

　　好朋友要做什麼事呢？陪伴，玩耍，聊天，給建議。所有你覺得好朋友應該做的事情都可以。好朋友也可以吵架的，我跟朋友吵到臉紅脖子粗，女兒兒子 also 啦～

　　我也不介意孩子叫我「謝依霖」還是「媽媽」，我不想要有任何上對下的關係，我期望我們的關係一直都是對等的，跟我們家的貓也是，**我不喜歡稱自己是貓奴，牠不是主子，我也不是奴才，我們都是平等的存在，我們是 roommate。任何上對下的關係一但建立了，其實都很難改變了。**這個時期的媽媽日記我還在慢慢寫，期待未來會有怎樣有趣的發展。

　　講了這麼多，不外乎就是三個重點，**信任、愛、同理。**這是我個人吸收日月精華，看書＋爬文＋道聽塗說＋實戰，最終悟出來的方法～♪～與您分享的快樂勝過獨自擁有。希望對新手媽媽有點用。

告訴他們『不能』怎樣的時候，

同時告訴他們『可以』怎樣。

不然他們剛學會這麼多技能卻不能用，

不是太無聊了嗎？

百戰百勝育兒手冊：
說話篇

近期我發現一個育兒大魔法，絕對力尬愛因斯坦相對論。

前陣子我為了兒女上課拖拉病苦惱，苦尋方法，總是沒有讓我滿意的做法。之前在網路分享過早上起床穿衣服拖拉的問題，許多媽媽前輩建議讓他們提前穿好，真是超棒的建議。現在只差沒睡在教室門口了，能前一天處理的，我都已經準備滿滿。不過孩子一起床，毛真的多如巨蟹（偷 diss），一下子要抱，一下子要聽音樂，一下子褲襪有皺摺，一下子鞋子黏不夠緊。好啦其實只有女兒，我兒子真的還好。

天蠍女 VS 牡羊男（對比好鮮明），任何一件小事都可以成為天蠍女做文章的點。嚴厲版、催促版、放手版、溫柔版……我真的一天一人格，川劇變臉，但總是找不到好方法。每天從「床」到「門口」到「車上」一分鐘的路程總是可以延長到三十分鐘，每天都覺得下樓走到車上這段堪比天堂路。

正當我要放棄治療，走佛系上學的時候（也就是到得了學校就好，不要再管幾點了），剛好滑到一個教養老師說：**「孩子拖拉怎麼辦？忽略他做不好的部分，只管講他好的部分。」**

　　每次聽到這種正向教養法，我都眉頭緊皺，真的不覺得「哇！你比昨天快一分鐘」這種話會有用？教養老師你們是不是沒小孩！！臣妾做得到！三阿哥也做不到啊！！不過最後還是抱著 never try never know 的心，當然想打臉教養老師也占一小部分原因啦（小我爆發），總之試試看吧。

　　睡前我先說：「明天你們都會是超級配合上學的人！」想當然爾，他們一定會給我一個超肯定的回應，不過每次說完隔天都馬給我翻臉不認人。但我這次的說法更正向了，之前可能會說：「明天『不能』賴床喔！」現在我們直接揮別過去的陰影，直接開始幻想想要的生活。

　　我的孩子，超級配合起床，一起床直接走去穿鞋子。穿完鞋子直接上車，我們很開心地一起上車去學校上課（洗腦式高我對談）。

　　然後我就開始一句一句來：

　　「哇！早安呀！今天你們直接起床下樓，太配合了吧！」

　　「難不成你們都是那種自己穿鞋子超級迅速的人嗎？！」

「今天竟然比昨天又更快了一點，你們是上學音速小子嗎？」

「都直接走上車，太強了吧！跟大人一樣～好成熟喔！」

直銷式打雞血人生，感覺真的很瞎。

但是！！！！！！！！！！！！

竟然！！！！！！！！！！！！

有感！！！！！！！！！！！！

至少比起以前我用過的其他方法都有用！

嚴厲型：「快點喔！倒數 321！動作動作！」

碎念型：「上學要遲到了～我們會來不及喔……」

哭鬧型：「媽媽拜託你們啦～～～」（我真的哭過喔ㄎㄎ～笑吧你們！）

直接扛上車型：「……」（結果小孩爆哭，媽媽更火大！）

於是我就開始套用在各種狀態上，吃飯前先喊：「我兒子跟女兒都是跟我們一起好好吃飯聊天的。」

出門前說：「我女兒知道出門前要先上廁所。」

睡覺前說：「講完故事我們都是直接睡著，因為我們都知道睡覺很重要！」

當然不可能真的一切都按照這種魔法進行，但確實會比「催促」「威脅」「以上對下的口吻」都更有用，**他們還是會有基本的耍賴皮、鬧情緒，但真的比起以前的對立少很多很多。好像有一種「都被拱成這樣了，也不好當個皮蛋吧」的感覺。**我突然領悟到，就好像如果你老公跟大家說：「我老婆真的是個好老婆。」心裡就會有想要越做越好的心態，絕對比「妳看別人老婆都比妳賢慧」有用，後者沒有反效果就不錯了。反之，如果希望老公做得好也不要噴出：「誰家的老公都會帶小孩。」「你可不可以不要整天只會打遊戲。」「你以為你賺的錢是美金喔？」

美金這句是我從我媽口中聽到罵我爸的，聽了真的不會讓人想進步，只想耍廢：「好啊～我就是爛，爛人一個。」所以真的不要用上對下的姿態對任何「家人」說話，不管對老公、老婆、老爸、老媽、孩子、貓咪、狗狗，都不是一個「長遠」的好方法。短期也許很見效，長期我不覺得會好。鼓勵不是無腦的你好強你好棒，而是真正看到他進步在哪個點，進而稱讚鼓勵他。

其實孩子真的不難懂！知己知彼百戰不殆，孩子開心，家長開心。

鼓勵不是無聊的「你好乖」「你好棒」，
而是真正看到他進步在哪個點，
進而來真讚鼓勵他！

育兒魔法百戰百勝：
吃飯篇

　　我真的能夠理解孩子在餐廳喊叫，身為家長背後很涼的感覺，很想趕快制止小朋友不要再吵了，但抱歉地通知您，其實您的聲音比較大……

　　還沒有小孩的時候，我坐飛機最怕遇到小孩，有一次遇到一個最絕的，小小孩因為害怕開始哭鬧，阿公阿嬤為了安撫他，就用手機擴音唱跳〈小蘋果〉。

　　「你是我的～小啊小蘋果～～」

　　小朋友確實是不哭了沒錯，但是更吵！！而且還不好意思跟阿公阿嬤說：「您的唱跳比他吵！！還不如讓他繼續哭！」實在讓我啞巴吃黃連，整個飛行旅程聽了滿滿的阿公阿嬤帶動跳，還好才飛一個半小時。真心快逃，死生不復相見。

　　平常大家在餐廳應該也常聽到這類對話：

「噓！小聲一點喔！不然店員要請你出去囉！」（店員：我沒有誒～）

「安靜！再吵就不給你○○！」

老實說，孩子發出一些聲音我相信大家都可以忍受，只要不是大尖叫、大哭鬧、跑來跑去，相信大部分的人都很能理解。**孩子不懂得輕聲細語（是說很多大人講話也很大聲啊），只要在過於大聲的時候稍微提醒一下就好，很多時候，其實真正大聲的是大人「教育」的聲音。**

「噓！！！！」

「小聲！！！！」

「不要吵！！！」（超大聲氣音）

有沒有一種以前班上風紀股長的既視感？同學七七粗粗的聲音，都沒有風紀股長噓來噓去的聲音大，整個午休充斥著風紀股長的噓聲。

其實我覺得，那個沒有靈魂的、很大聲的斥責聲，有時候只是想告訴餐廳裡的人：「我有在管喔，我不是沒有在管。」**大聲的管教聲不一定會消弭路人異樣的眼光，但是一定會傷害孩子的心靈。太難控制的話，可以帶他走出去外面好好說，不需要當著那麼多陌生人的面大聲斥責。**路人的眼

光是一陣子的，孩子的心靈受傷卻是一輩子的，恥力高一點吧，不要因為一點點眼神，就覺得大家在批評你不會帶小孩。事實上，現場教育孩子、斥責孩子，也不會改變這些人的想法，一點點厚臉皮也不是太壞的事。

我也是會說：「噓，安靜，小聲一點喔，你打擾別人了。」先承認不尷尬，不然以後被發現我叫小孩小聲一點，說我打臉自己啪啪，不就直接啞巴吃黃連！我也是會制止小孩啦，但我的意思是，在眾人面前教育小孩很傷小孩自尊，但不代表不能去指正或提醒，而是留意制止的語氣跟聲量。

Respect 所有媽媽大家都辛苦了，妳已經很努力地在做這件事，還有人總是來指責妳，真的非常令人沮喪，身心俱疲，確實很難做到「正向教養」，什麼溫柔且堅定全部丟腦後啦。下面我想針對不同階段的狀況分享一下，我覺得應該會更好的做法。

☆ 吵鬧指數 1~3

剛學會發聲的小孩或不太會說話的小孩，常常會啊啊～～噠噠～～咿咿～～因為聽不懂他們在說什麼，所以感覺也會

像是噪音。但其實冷靜仔細聽，他們就是在學著發聲而已，而且比起其他桌的聲音，也沒有特別大聲，這時候我覺得不用一直提醒，因為不讓他們發出聲音，他們真的會很無聊啊！

試想一下，你被帶到一個地方吃飯，別人說話你聽不懂，你說話別人也聽不懂，沒有手機可以滑，看不懂菜單，也不會點餐。吃飯就叫你嘴巴打開，手不要動，整個吃飯的過程還不能發出聲音，是不是真的很～～～～～無聊！！

我真的看過一歲小孩一出聲，媽媽就喊「安靜」，一動就叮嚀他「不要亂動」，當下實在心疼那個小孩，不然要他們做什麼呢？又不是在玩 123 木頭人！到後來孩子根本也沒在聽媽媽制止。大家應該都有聽過媽媽叫你「多穿一點」吧？當媽媽在真的會冷的時候才說，你會聽，但她總是一直一直一直在說，你會怎樣？應該會自動屏蔽這個聲音吧？

☆ 吵鬧指數 3~6

這個是比較常見的狀態，其他桌客人大概會有百分之二十開始給你注目禮，通常都是因為小孩處於興奮狀態，不懂得控制音量，在這區間提醒我覺得是很 OK 的。

「我知道你很開心！但我們要小聲一點呦！」

「開心可以，盡量不要影響人」

有個很可愛的媽媽分享一個方法，就是跟小孩玩遙控器的遊戲，當他聲音過大的時候，就按他身上那個按鈕，提醒孩子小聲一點。 父母真的難為，每天都要想哏詼。

噓，安靜，小聲一點……當然就是用在這邊，只是注意一下自己的音量也別太大，不然會有種只准官兵放火不許百姓點燈之感。

☆ 吵鬧指數 6~無限大

最恐怖之歡比八狀態！！紅色警戒紅色警戒！！！！在這種狀態，我們都知道小孩理智已經斷線了。任何提醒真的是沒有用的，只能帶離現場，因為跟他在那邊互吼實在是難看啦。小孩哭鬧，大人吼叫無限循環，直接吵鬧 plus ！！出去靜一靜才是上上策，但也不可能太頻繁，這種大招用多了小孩也會疲乏。不過如果他真的整天都在歡比八的狀態，讓你連吃頓飯都沒辦法，一直折返跑。那我覺得應該可以去諮詢一些專業意見，看看有沒有更好的方式來解決這種 all day

好好吃飯是所有媽媽最大的心願。

都處於理智斷線的狀態，也許這孩子有什麼天賦異稟，可別埋沒了！

以上就是以我很有限的經驗盡力分享，我主要想講的是……風紀股長的噓聲真的比我還吵！！有一次老師突發奇想讓我當風紀股長，真的是沒用談，我不是那種換了位置就換了腦袋的人。

講到帶小孩上餐廳吃飯，我還有一件事很想分享。有一次父親節跟娘家家人一起聚餐，地點在一間合菜餐廳。我對一般合菜餐廳的定義，就是應該不用太安靜（還是我搞錯了？）隔壁桌好像也是父親節聚餐，差別是他們都是成人，沒有小小孩。所以我就沒有特別在意聲量，想說大家都有共識，這應該是一個不需要太安靜的場所。

雖然我不是完全零 3C 的爸媽，但吃飯時間我還是會努力堅守這條線，不要把手機拿出來（大人也不要），一家人在吃飯時間好好眼神交流，看著彼此好好講話！！（也算某種儀式感吧？）

　　所以在上菜之前我會跟小朋友玩，以度過這個他們會因為無聊而鬧的時間。那陣子我們家流行的遊戲是剪刀石頭布，我偶爾會假裝輸給他們，演出很懊惱的樣子。我兒子跟女兒就哈哈哈哈哈，笑得很開心（沒有尖叫那種笑喔，先澄清就是一般開心笑）。然後餐廳的服務人員就很尷尬地走過來說：「不好意思，可能要請你們小聲一點。」

　　我個人是大聲公體質常常被糾舉，所以習慣性拍謝拍謝～然後趕快降低音量。如果打擾到別人，我是很願意道歉的，畢竟大聲公體質有時候確實會造成別人不舒服。結果吃完飯出去，我妹妹才跟我說。坐在她正後方的一對老夫妻，先是非常不爽地瞪我們，然後用筷子敲桌子，叫服務生來叫我們安靜，之後就瘋狂高談闊論：「會生就要會教啊！」

　　整個吃飯過程就是在講如何教育小孩。因為已經吃完離開了，我也無法回應。好啦～可能真的聽到也是敢怒不敢言，我是最俗辣的，最多是很臭很臭的斜斜斜眼微瞪。不過還好

我現在可以寫文章抒發當天的怒氣了！

　　首先第一點，隔壁那桌大人聲音也沒有特別小耶！大人就可以大聲嗎？你要糾舉就全員糾舉，幹嘛只針對我們？大人可以大聲討論事情，小孩不能大聲笑？再來，你用筷子敲桌子就很有禮貌？我是不會教小孩啦，但你是誰家的大人？你家小孩怎麼沒教好你？現在的大人喔，就是欠教育。這讓我想到一本很棒的書《迪士尼夢想之書》，裡面寫著：**「大人不過就是長大了的小孩──華特・迪士尼」**

　　好了！純抱怨部分結束，我不要這麼低意識了。當然我自己在這件事上也有需要檢討的地方，但我還是忍不住想說，對於那些說「會生就是要會教」，插著腰講這種話的人，拜託你們先管好自己吧！（哈哈又不小心低意識了）站在道德的制高點去批評別人，給自己暫時的優越感，卻抹煞了別人的所有努力。誰會不想好好教小孩，但你想要的三歲小孩是怎樣的？你家小孩三歲時是怎樣的？你自己三歲的時候又是怎樣的？而且你看到的只是一個片刻的我們。看到餵糖果給小孩，「小孩不要吃甜的。」看到給小朋友看卡通，「眼睛一定會壞掉。」看到給小孩穿少一點，「爸媽都不管的。」我的小孩是太子嗎？以後要繼承什麼國家社稷？怎麼全宇宙

都來教我怎麼管小孩了？他現在不開始讀四書五經是不是太晚了？

好的我抱怨完了！超爽的！**「會生不會教」真的是廢話一句，誰不想把小孩教好？誰會希望整天跟失控的小孩共處？教法百百種，孩子也百百種，同一種教法也不一定能教出同一種孩子。不是跟你不一樣，就叫「不會教」！**

祝福各位都可以舒服愉悅地吃一頓飯！無論是有孩子的還是沒孩子的，無論你是大人，還是孩子。

路人的眼光是一下子的，
孩子受傷的心靈卻是一輩子的，
不會因為你嗓門比較大聲，
就比較會教育。

育兒魔法百戰百勝：
交通工具篇

　　育兒時除了去餐廳讓人膽寒，還有一個地獄關卡，就是「搭乘交通工具」。每次講到這裡，就會有一派人回應：「我就不帶孩子出去吃飯」or「我從來不帶小孩去搭火車⋯⋯」好的忍住忍住我不戰，個人有個人的選擇吧。我自認就是在家待不住的人，要我不出門就是要我的命。每個人喜歡的生活模式就是不一樣，有些人喜歡待在家，有些人喜歡出去玩，真的不需要在別人遇到困難的時候，再給不同流派的人落井下石。我們選了不同的生活方式，不一定有誰對誰錯，彼此尊重 OK ？看到這邊如果覺得「那你就不要出門啊」的人，麻煩跳過此篇，感恩。**我就是愛出門！我就是貪玩！我就是孫悟空被壓在山下幾百年也不會放棄我愛玩的心的！**呼～先講就是爽！我玻璃心不喜歡被質疑，接下來終於可以安心寫我的故事了。

第一次帶女兒坐火車時，我挺著個五個月的大肚子，跟老公一起坐火車到台北「吃喜酒」，這是鄉下人最喜歡的場合，沒有之一。當時我女兒剛滿一歲，我想應該是時候挑戰看看大眾交通運輸了。上台北的時候一切都還好，看看風景，吃幾根無味無意義的米餅，很快就到了。我心裡甚是歡喜，自我感覺良好，育兒有道啊，不過就是搭個火車，太輕鬆了～蠢人就是蠢人，不知道打臉的速度就是來得這麼快，開開心心上台北，吃完喜酒，回花蓮的火車上，女兒開心了一整天，電力大概只剩 3% 了，而且不像去程所有一切都是新鮮的。這時候，魔～～王～～變身啦！怎樣都不行，哭！喊！鬧！所有方法試了都沒用，說學逗唱，食物尿布好說歹說，現在就是天皇老子來跳 72 變也無法撼動這個女人想毀掉世界的心。

　　最後從宜蘭到花蓮的整個車程，我老公就只能背著女兒在車廂與車廂中間的廁所外面，我坐在座位上看著老公辛苦的背影，無能為力，畢竟一個人苦就好，兩個人一起苦真的太浪費人力了……**共患難是必須共的時候才共，感情用事的共患難不是有情有義，是無腦！不如好好保存體力，等到了花蓮再跟他好好接棒吧。**

　　這就是我第一次帶小孩搭乘大眾運輸工具的經驗，後來

真的好久都沒有勇氣踏上大眾運輸了。直到三年後，我兒子兩歲半，我女兒也四歲了！是時候該提起勇氣去闖闖了吧！我不

1v3 的飛機餐。

再是當年那個二打一都打不過的媽媽了，我這次還直接玩大的，1v2 搭飛機！姐打過來了！回想那四個小時（菸）……

　　大家起手式就是問，爸爸勒？剛好這架飛機是三個一排，為了避免爭著誰要跟媽媽坐的一場腥風血雨。當時劃位時，我就直接硬著頭皮撩落去了。讓我扛～我來！！**真的覺得以前追過偶像的人都可以去生個小孩看看，他們對妳炙熱的愛絕對比迷弟迷妹更瘋狂，拉屎都要看。**

　　一上飛機，當然就是到處摸來摸去，其實我覺得只要不要硬扯弄壞都好，真的在意病毒可以多消毒，但是不可能要

他們完全什麼都不動的，手不動嘴就要動了，不要壓抑他們，一定要幫他想想精力可以往哪裡發洩。你可以跟他規定範圍，這個可以摸，那個可以按，哪個就一定不可以，**不要什麼都nonononono～在兒童的腦袋裡，什麼都不要＝什麼都要，之後絕對迎來一個超大的鬧**。建議可以先跟空服人員說好，如果按到服務鈴都請不要理我們，真的有需要再人肉拜託。糖果零食跟卡通這種東西，對我來說就是限量使用，平常忍耐的扣打就是要在這個時候出大招！！超級好用！平常如果就是貴族世家無限量供應，那緊急時刻就沒用了，you know ～得不到的永遠在騷動～♪～被偏愛的都有恃無恐～♪～

　　說實在的，我真的滿佩服完全零 3C 跟零糖果的家庭，我真心做不到，臣妾拜服。偶一為之啦我不管！！！餐點一來，要喝幾杯果汁真的「鬥走有攄洗估」誒，嘴巴只要開始吃東西就不會吵鬧了，吃完飽呆飽呆，搭配一個卡通的攻擊，基本上如癡如醉啊，完全忘記要起番了。硬要說的話，就是兒子吃了三份水果，女兒吃了三份餐包，本人吃了三份主食，實在有點偏飽 XD

　　東忙西忙的我跟《神隱少女》裡的鍋爐爺爺一樣，不過只要他們不要吼叫亂奔我已滿足。最後比較麻煩的是耳壓

問題，我跟老公第一次帶他們飛的時候真的被耳壓搞瘋。後來問了前輩朋友，朋友說要下飛機的時候先吃軟糖，咀嚼咀嚼就可以解除。所以我上飛機前在機場免稅店買了一個寶可夢的小小軟糖，越小越好可以不要吃太多拉長時間，還可以一邊認識寶可夢一邊吃。要下降之前開始慢慢吃，超～～～有～～～用～～～～害我很內疚一開始沒有查好方法，讓他們承受了一次耳壓之苦。不過過了就算了，放過自己。我不是完美的媽，也不要求你當完美的孩，大家各退一步，有距離就有了美感，我們就是完美的關係。

　　這就是我一打二搭飛機的小小體驗，雖然是小飛東京但還是很驕傲，希望未來勇敢挑戰長途也可以順順利利。

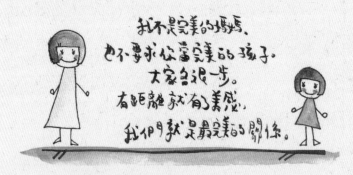

我不是完美的媽媽，
也不要求必需完美的孩子。
大家自退一步。
有距離就有了美感，
我們就是最完美的關係。

真的要在疫情最嚴重的時候送小孩去上學嗎？

疫情期間，有天我突然接到一通扭轉我世界的電話。

天使打來：「媽媽妳好，我們是 XX 幼兒園，我們學校現在有位置可以讓姐姐跟弟弟來囉，你們還有需要嗎？」

登愣！！！！！！！！！

我問：「所以說……妳的意思是……我明天就可以直接送他們去上課嗎？」

天使說：「這麼快喔……哈哈，也可以喔，你們準備好就可以了。」

我強忍內心的興奮，平靜地跟老師說：「我跟我先生討論一下……」

真的好想去 RRRRRRRRRRRR！但是現在疫情這麼嚴重！一個轉念，應該就是因為疫情的關係，很多家長決定不讓小朋友去了，才會空出位置，我心想：「最危險的地方就

是最安全的地方。」（內在不誠實的其中一種狀態：合理化自己的行為）

這件事情畢竟也不是我一個人能作主的（OS：這個鍋我也不想一個人扛），我抱著一個忐忑的心，深怕自己得到一個不想聽到的答案，躡手躡腳走進房間，打開房門，特別慎重地跟我先生開口：「我們想去的那間幼稚園剛剛打給我，說有位置，想要去明天就可以去，但我在想，可能因為疫情很嚴重，很多小朋友都退學，所以才會突然通知我們，你覺得呢？」

我老公回我說：「別人恐懼，我貪婪。」突然間我如釋重負地大笑了，果然是一對臭味相投的無恥夫妻，這兩年的疫情實在壓抑得我們喘不過氣，再也不想綁手綁腳過日子了，在家悶死也是死，出去染疫也是死，左右都是一個死！還不如暢快地死去吧！半獸人！給我去上學！right now!! 一刻都不要留！於是我們兩個以迅雷不及掩耳的速度，買了書包、餐袋、餐具、牙刷牙膏、小手帕、拖鞋……你要什麼我就給你什麼，花蓮買不到，我立刻搭火車去台北買，全台灣都買不到，我就自己鑄鐵！自己織布！就是為了確保，明天，我的兩個小祖宗早上九點就會離開我的視線！

有孩子的媽媽拉屎的畫面。

　　隔天一早送到學校，目送他們被老師帶離我的視線的那一刻，不捨什麼的先不提了，我真的太開心、太舒服了，這……就是自由嗎？我跟老公兩個人一起去安靜地、優雅地吃一頓早餐，吃一吃忍不住互問對方：「我們……真的可以這麼幸福嗎？」這種人生的滋潤，一下子來得太突然，突然得這麼不現實。

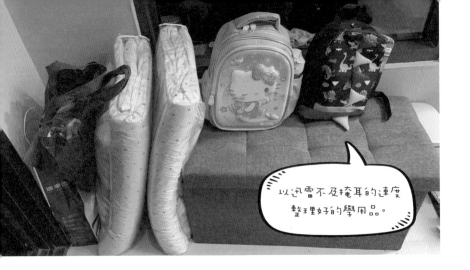

以迅雷不及掩耳的速度整理好的學用品。

　　小朋友上課兩個禮拜之後，我才終於領悟，這一切不是一場夢，這都是真的，**我終於可以想大便就大便，安安靜靜地等待免治馬桶的行程走完，洗淨我的屁股。還有殘留屎意的時候我不需要壓抑自己，我可以大，可以不大，這一切都是我的選擇，沒有人逼我離開我的馬桶，不需要聽到哭聲就夾斷它，斷了彼此之間的緣分，逝去的屎意，就再也回不來了。**

　　從今以後我就是新的我，沉浸式排泄、沉浸式吃飯，曾經我以為這一切是多麼地理所當然，直到我失去以後才懂得珍惜。感謝老師，讓我可以此時此刻在這邊打文章，宣洩我的人生，讓我活得像個真正的人。此時此刻，我才能真正理解，以前大人跟我說「上學很重要」是什麼意思，原來原文是：「你上學，我自由，很重要。」

此時此刻，
我才能理解，
以前大人說「上學很重要。」
是什麼意思，
原來原文是...

「你上學，**我自由**，很重要！！」

不要代替你的孩子說話

　　有一次，我們一家人去吃我最愛的「鄉村媽媽」，有了孩子之後對上菜速度這件事情極度重視，「鄉村媽媽」就是好吃上菜速度又超快，我愛他們。我們吃東西的時候，服務人員正在隔壁桌收拾餐盤，服務人員低頭收東西，抬起頭跟我女兒對視笑了一下，於是我女兒對著服務人員說：「謝謝你。」兒子不知道發生了什麼事，但是秉持著「跟著姐說就對了」的政策，他也（對著空氣）說：「謝謝你。」服務人員也很開心地回應他：「不客氣喔。」

　　我當下真的是嘴角壓不住，一直往太陽穴攻擊！我女兒太棒了吧！應聲蟲兒子也很棒啦，不敢想像他是一個不到四歲的小孩，我還沒四歲的時候應該沒辦法做到去感謝一個陌生的服務人員。

　　記得女兒快兩歲左右，我曾經帶她一起去上律動的早教

課。剛去上課時，老師拿了一個教具給她說：「有沒有跟老師說謝謝。」女兒一直看著老師遲遲不說話，之前我有看過一些教養法說：「不要代替你的孩子說話。」**跟別人溝通是她的課題，你替她說就等於剝奪了她成長的機會。**

於是我女兒不說話，我也不說話，老師也在等我們說話，這個沉默的瞬間大概有一世紀這麼長，然後老師很無奈地跟我說：「媽媽你們是小家庭嗎？」

我說：「不算耶，爺爺奶奶外公外婆常常會來，朋友也很多。」

老師說：「喔……我是在想說她為什麼會『這樣』。」

我說：「她就是一個需要時間認識環境的人。」（微爆青筋）

我知道外向的孩子很討喜，但她「這樣」我並沒有覺得不好，「討喜」，開心的是別人，不一定是自己。我不希望她追求的是取悅別人，雖然老母我一生都是在取悅別人，我就是 born this way ok？我可以在取悅別人的過程得到快樂，可是有很多人在取悅別人的過程迷失自己。（藝界心酸）

我女兒他會回家跟我說：「媽媽我很想跟他說話，但是我害羞。」

我最愛的
絕對女馬媽。

　　我跟她說：「害羞很正常，我小的時候也會害羞，妳準備好了再跟他說話沒有關係，不需要勉強自己。」（本人也害羞過好嗎，難道你以為我出生三個月就學會穿泳衣拼拼圖？）

　　恐龍母親我本人心裡的 OS 是，妳一輩子沒有準備好也沒

有關係，妳不想說誰也別想逼妳，老媽絕對會捍衛妳的啞巴自由！今天我發現，她不只準備好了，而且是發自內心的感謝，不是為了取悅任何人。

每一個人都不一樣，我女兒是一個需要準備完全的人，我不會丟給她一句台詞，告訴她「妳說就對了」，我會給她整個劇本，然後陪她把人物個性角色全部都整理過一遍。澈澈底底了解自己為什麼要說這個話，我的動機是什麼？她的「謝謝、你好、不客氣、對不起」都是有靈魂的，不是只是一句台詞。雖然這個過程經歷了非常久的啞巴時期，我很開心我熬過了這個時間，熬過了「妳小孩怎麼這個樣子」的眼光。

陪伴小孩子成長的過程，感覺就是在他們身上種下各種種子，在不經意的一個小瞬間才發現，它發芽了。而且不用意外，你的孩子可以做得比你更好，好好躺在沙灘上吧！前老浪～

陪伴女孩子成長的過程，
感覺就是在他們身上種下種子，
在不經意的一個小瞬間才發現，
它發芽了！

不寵愛就等於教育嗎？

育兒過程中發生過幾件事情，讓我不禁有點困惑，難道我同溫層設得不夠厚嗎？！怎麼大家都跟我想的不太一樣……

☆ A 事件

有次女兒生日，我們約好一起去露營，結果快到露營的時間，居然殺出一個颱風，當下我一直在找 Plan B 取代期待已久的行程，朋友可能看到我慌張的樣子想安慰我，就說：「早點讓小孩面對挫折也好，本來就不是凡事順利的啊～」

☆ B 事件

我問有孩子的朋友，你們會不會覺得早上送小朋友上學，

他們選衣服選襪子選很久會很頭痛，朋友們異口同聲回我：「不讓他們選啊，不要寵壞小孩，以後他長大就知道不是什麼都有得選。」

☆ 問號一：「吃得苦中苦，方為人上人。」

這個理論還是育兒主流嗎？成長的過程必定是要痛苦的嗎？有痛苦才可以成長嗎？一定要靠失去才懂得珍惜嗎？那懂得珍惜的人失去了呢？**如果遇到不可避免的挫折的時候，我覺得可以「安慰」自己「當作成長」。但如果可以不需要這個挫折，又為什麼一定要白受罪呢？而且痛苦了我還不一定能成長呢，有些痛苦他單純就只是痛苦而已。**

☆ 問號二：「讓他在家裡受教訓，出去就不會不適應。」

但最後我只感受到在家裡受到的苦，苦到他長大了都無法活出自己，很多人因為小時候受的挫折，讓他一生都失去快樂的能力。我最常看到原生家庭給的痛苦，讓人一生無法

森林系露營，我們
全家都愛露營。

自拔，反而是家裡給了無限的愛、無限力量的人，在外面根本無畏風雨，因為心中有著無限的愛與勇氣。倒吃甘蔗會越吃越甜，但是我不一定吃得下這麼長啊！人生短短幾個秋，說不定我還沒吃到甜的那邊就掛了呢？**可以把挫折當作成長的養分，但不用為了成長去找挫折，很有可能他還沒成長就被你挫沒了。**

☆ 問號三：「你現在恨我，以後就會感謝我。」

當時年少不懂事，還真的被他們唬得一愣一愣的，以後真的會感謝他們嗎？雖然我還沒有很老，但至少是長大了，我算是滿確定的！！！沒有！！！沒有感謝！！你們一個個講過這種垃圾話的都給我出來！我把你找出來不是要感謝你！是要找你算帳！

以後會不會快樂或感謝你，我不知道，但現在的痛苦是我確定的，**到現在我還沒有感謝過任何給我痛苦的人，我只感謝在痛苦中給我光的人，感謝在谷底時伸手給我的人，不可能感謝把我推下的那隻手。**這句話真是標準得了便宜還賣乖，誰要感謝你呀？你還欠我個道歉勒！

「幸運的人用童年治癒一生，不幸的人用一生治癒童年。」如果這樣是寵溺小孩，那我就寵溺小孩吧，我把他們帶來這個世界是為了讓他們感受到快樂的。**因為我感受到世界的美好，請他一起來玩，不是因為我自己受苦受難，找他來陪我受罪，如果只是為了來看他受苦成長，那我就不會發邀請函請他來了。**我知道，這個世界不是我說的這麼美好，有很多挫敗，有很多不能信任的人，很多事都會讓你受傷，你會對這個世界感到很失望，但我想讓我的孩子知道，因為我們在，所以你永遠不會感受到絕望。

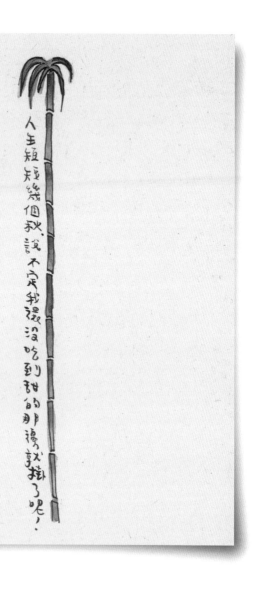

人生短短幾個秋，說不定我還沒吃到甜的那邊就掛了呢，

同場加映：
一男一女就等於一個好字？

　　謝謝你的好意，但請不要再說一男一女湊成一個好字了（偶爾來點腹黑的霖）。

　　決定暫時停機之後（生產機組停掉，娛樂機組還有喔＞///＜），有些人會說，現在這樣很好了啊，一男一女已經一個好字了。當然這是一個發自內心的溫暖稱讚沒錯，我很感謝。只是我會忍不住覺得這個「好」好奇怪，生小孩又不是去學校對面黑店（時代的眼淚）抽字卡，（數）（碼）（寶）（貝）集滿四張就送大禮，有什麼好湊成一個好字的？那生三個女的呢？湊一個姦字？生兩個男的湊一缸子子？登革熱？

　　如果一男一女叫做「好」，好像有點其他排列組合都「不夠好」的感覺。「不是啦！其他排列組合『也』很好！」聽到「也」這個字，我頭皮發麻。

　　我是一個同溫層很厚，共感能力偏差的人。不是發生在我身上，我真的無法想像這世界怎麼可能重男輕女，

我們家四姐妹，國中美術班（全班只有六個男生），高中女校，大學藝術學院（生理女＋心理女），出社會又進入了演藝圈（組織人口與藝術學院差不多）。我的世界裡幾乎都是女生，不存在什麼歧視不歧視的問題。

當我聽到重男輕女、男女不平等之類的故事，都會把它列為「古談」，就是上個世代發生的事情，已經跟恐龍一起躺在地底下了。直到我懷老大的時候，八個月肚子已經很明顯了，樓下早餐店阿姨看到我問：「是個帶把的嗎？」

我微微尷尬地說：「是女生。」

阿姨說：「沒關係啦，女生『也』很好。」

也？？也？？什麼是也？？？也你妹啦也！！！！！我女兒就是「最好」，沒有「也」！！為什麼我的女兒要是「也」，我臉其實已經垮掉了，但早餐店阿姨硬要接：「下一胎再拚就好！」「拚？？？？？？？？？？？？？」

我要吐我要吐我要吐！！噁心死我，2018 年我還能聽到這種話。那生四個女兒的我媽媽，在三十幾年前的社會，到底要承擔多少這種莫名其妙的言論（難怪她會瘋掉，我也算是幫她找個台階）。

以前她說她壓力好大，大家都笑她只生女兒，我都跟她說妳不要理別人說什麼。當這件事情真實地發生在我身上，我才能理解，這些人不是在傷害我，是在傷害我的孩子。阿珠姐原來傷心的不是自己一直被羞辱，她是捨不得她心裡的「最好的」在別人嘴裡變成「也不錯」。可能是自己當了媽媽，真的對這種小細節比較敏感，希望大家多體諒敏感的媽媽囉！我真的不喜歡一個「好」字跟「也」字，我喜歡湊一起的「好野」兩字，分開我不要 ^^ 謝謝！康桑哈咪搭～

男女都了好，都是
我心中的最好。

小後記：
我不談育兒，我才是被育的那個

這篇是在全書寫完後補上的，我突然想要解釋一下，為什麼想把如何當一個媽媽放在第一章，這邊真的沒有在勸生喔，**我真的覺得生小孩這件事情不適合每個人！這絕對不是人生必修課！！我真心覺得這個對我來說就是一堂很中我的選修，沒有喜歡真的不要來選！**以下言論絕對是非常「個人」的感受，並不適用所有人。

我真心感謝我孩子的到來，成為一個媽媽之後，我才知道什麼是真正的活著。有了小孩之後，我才開始回去挖掘自己，我在他們這種情況的時候感受是什麼？我像走進一個回憶的倉庫，有些開心、難過、困惑，以前曾經被我丟在角落，我以為那些都是不重要的過去，但其實一直不斷影響我現在的人生。在有了孩子以後，才發現自己對未來更有目標，更真實知道自己需要什麼，不再是過一天算一天地生活著……也是在有了孩子以後，我才學會什麼是無條件的愛，原來我做得到。我一

直戲稱我的孩子是老師，他們教會我太多太多，我不講
育兒經，因為我才是被育的那個。

CHAPTER 2

不完美老婆

霸道窮鬼與迷糊女丑：
愛在肚子飢餓時

　　介紹一下我先生 Green，我們認識十五年，整個故事太長了，所以我把它當成言情小說寫，這個故事就叫「霸道窮鬼與糊塗女丑」，我才發現原來不是只要冠上霸道 × 糊塗都會讓人心動。

　　我們認識是在高中，我花蓮女中他花蓮高中，當時兩校合辦了一個飢餓三十的活動（兩個胖子竟然曾經參加過飢餓三十，現在飢餓三小時都撐不下去），我是主持人他是隊輔。

　　ME：「我是 LINLIN，是這次活動的主持人，接下來就請大家介紹自己囉～」

　　A：「我是拔剌～」（水果是一定會有的）

　　B：「我是威寶～」（那個時候威寶電信很紅）

　　C：「我叫胡妹我三餐都要吃～」（關我們什麼事？）

　　輪到我先生：「我沒有綽號……」（氣氛瞬間降到冰點）

高中參加喰餓三十，與綠相遇時。

男主一出場就是要難搞加冰塊臉，溫暖的好男孩不好意思直接男二那邊領劇本。

　　這是哪裡來的氣氛冰凍師，我們團康活動最怕這種人，不過我南花蓮「話不落地」冠軍還能怕你？

　　我就說：「啊～你穿綠色的鞋子就叫小綠好了。」（好草率？話不落地就是只要不落地就好，不要管質量！）他也就半推半就地用了這個綽號，後來長大想有點洋味就變 Green。

　　活動過程中我們並沒有太多互動，因為我是台上最閃耀的那顆星，我只看到我自己。而他就在台下帶隊照顧學妹（學

CHAPTER

弟自生自滅），活動結束了，再見掰掰此生不復相見。

緣分奇妙，活動上完全沒互動的我們，幾天後卻在咖啡廳相遇。（為什麼去咖啡廳？因為要讀書。為什麼不去圖書館？因為不方便聊天。）

當時我跟朋友在玩「黑道大哥找女人」的戲碼（說好的讀書？）剛好缺一個接菸蒂的小弟，放眼望去咖啡廳也只剩他了，就把他抓來充當這個角色。他起初還拒絕了一下，但嘴巴說不演，一演還演得挺好，把那種有點痛，但咬牙苦忍的壓抑微表情做得很到位。

後來我們不時就約去咖啡廳表演讀書會，我才發現原來他不是氣氛冰凍師，**這個人話匣子一開比我還能聊。當時我覺得他應該是 gay，哪個直男這麼能聊的？他常常半夜打給我，以為談戀愛？沒有！純友誼純到不行（可能因為我高中時的外型也是純友誼系）。**

題外話一下，之前在新聞上看到工作夥伴的醜聞，說實在我完全不敢置信，我們在一起工作的時候他們都是超好的人，真的都很紳士而且正人君子，我跟朋友說：「我不相信誒，我認識的他根本不可能做這種事！」結果朋友說：「可能是妳的外型使人向善。」然後我就含著眼淚稍微懂了。

OK哭完，說到哪裡？我們幾乎每天都會講電話，他很愛聽我講笑話（我的笑話是可以助眠嗎？）但他並不特別，我很渣，每天諮商電話接不完。身邊男男女女老老少少，心情不好就把我當另類諮商師，講笑話＋開導（我真的是賣笑不賣身），所以有一陣子我覺得自己應該去當心理醫生，拯救別人不快樂的人生（我現在也算是某種心靈界的民俗療法啦）。

　　就這樣每天接不完的電話、聊不完的天、搞不完的笑……突然有天我醒悟了，我到底在幹嘛啊？我媽送我來花蓮讀書，距離考大學只剩半年了，我不讀書，整天在那邊搞笑？！？！搞笑可以當飯吃嗎？（欸可以欸～後來還真的當飯吃了。）總之當時我就痛定思痛寒窗苦讀，什麼咖啡廳圖書館我都不會去了，所有人的電話也都不接了，我的世界只剩下7000英單跟搶救國文大作戰。於是，我跟綠也就失聯了。

　　半年的衝刺斷捨離所有人事物是有用的，我從一個模擬考26級分的人，最後考了52級分（我根本考試機器吧）。我餵母奶的時候跟我媽說食物不行放酒精，我媽嗤之以鼻：「我們那個年代還不是這樣，你們也沒變笨啊！」我怒噴：「如果妳當年沒碰酒精，我現在應該在NASA工作而不是當女諧星！」52級分是我腦損後的結果。

考上大學的那個暑假，我為了上大學要買電腦，整個暑假都待在玉里的飲料店打工（當時時薪只有 75，有事沒事還要被剋扣薪水，打工仔仔好可憐），Green 跟拔辣說要來看我（又是拔辣！這個人怎麼每集都在？）這個拔辣小姐是我們花女的同學，Green 在我入關修行的時候，搶走了我國民好閨蜜的稱號。他有一陣子還很納悶：「為什麼每個女生都來跟我說她月經什麼時候來啊？」還用問嗎？你是我的姐妹～♪～你是我的背北啊～♪～但身為姐妹是不會隨便逼你出櫃的，一切都等你開口（so sweet ～）

Green 跟拔辣聽說我這個瘋女人在打工，說一定要來喝看看我做的飲料有沒有毒，大夏天的，他們竟然騎摩托車從花蓮到玉里找我，不休息的話要騎兩個多小時，高中生才有的體力（以及年輕人才有的健康屁股）。喝了我的飲料確定沒有毒，恥笑完我這個打工仔仔之後就走了，到底是不是暗戀我？！（再看一下高中時期的勸善長相，嗯哼沒事沒事純友誼～）

之後我在台北上了大學，而他呢，在台北重考，所以建議大家還是痛定思痛長痛不如短痛，咖啡廳真的不適合讀書的喔。

這一年我在享受我放飛的大學人生，換他洗心革面好好

讀書（開啟勿擾模式），不是非常重要的事我也不會找他。有一次我打電話跟他說宿舍門口的一隻狗，我叫它小綠（是有多愛幫人賜名而且還沒新意），但原因不一樣，因為所有女宿的人都

靠努力善長相。

叫牠小黃，**我為了要成為牠心目中最特別的人，就硬叫牠小綠。有一天，我被小綠狠狠咬了一口（real 特別，特別討厭），送醫院縫線打破傷風。**

　　醫生問我：「妳在哪裡被咬的？」

　　我說：「學校宿舍門口。」

　　醫生：「所以是熟悉的狗？」

　　我說：「對，我們每天都見面。」

　　醫生：「那牠為什麼會突然攻擊妳？」

　　我（支支吾吾有點難以啟齒）：「……因為我唱歌給牠聽……」

　　醫生（不敢相信自己的耳朵）：「唱……歌？」

我（實在很尷尬）：「……還有跳舞啦……」

醫生：「嗯……（寓意深遠的沉默）那狗應該是沒問題啦。」

我：「所以我是我的問題嗎？」

醫生 OS：「啊不然勒？」

醫生：「不是啦，我是說牠應該不是狂犬病之類的。」（真是仁心仁術，是說這個醫生憋笑能力也算是一流的。）

我是說，像這類的事件才算是重要事件。因為沒有共同的生活圈，話題自然變少了。從曾經每天都聊天的好朋友，變成發生大事才會打電話通報的朋友（當年可沒有臉書 IG）。有次他打給我說交女朋友了，第一次聽到這個消息我心想：「嘴真硬～是男友吧？」第二次他說換女友了，還帶去給爸媽看，我心想：「太孝順了吧！還要演給父母看。」

我還在想，如果這個世界包容力更大一點的話，他就不需要再演了。我這麼同理他，結果勒？他聽說我交男朋友，立刻打給我！

「妳不要硬講好不好！」

「不可能！到底哪個瘋子要喜歡妳啦！」（好好笑～以後還有個瘋子要娶我勒～～）

「還是瞎子？」

「妳不要以為我看不到就在那邊捏造喔！」

「不然妳先叫妳男朋友講話，我要確定是活人。」

「塑膠玩具不算喔！」（沒品誒！怎麼這麼專業。）

離開勸善的第一步：戴牙套。

你這個 gay 硬交女友我反應都沒這麼誇張了，為什麼要質疑我銷出去的事實勒？為表清白，我把電話拿給當時的男友聽，Green 才終於願意相信。不過我當時的男朋友幻想我是文化大學安琪拉寶貝，所有方圓十里內的男人都在肖想我，只要我身邊有任何「生理男」他都會醋勁大發，多 gay 都不行（偽娘勉強），醋桶前男友懷疑我身邊的 gay 都在假裝 gay 接近我肖想我（哈囉我誒我誒我！要不要再看一下我的勸善長相！！）

我身邊的 gay 好友憤怒至極，覺得這種質疑是對他們人格上的羞辱，怒的不是假裝 gay 的部分，是喜歡我的部分！！跟這位醋桶男友在一起的兩年多，身邊所有男性友人都直接被黑名單，包含 Green，於是我們的關係又再度進入了冰河時期。

是女鬼還是月老？

　　結果這個醋桶前男友對我各種提防，自己卻先「無縫接軌」學妹（我沒有說劈腿喔 ^^）好啦，一段感情的失敗真的是雙方都有問題，有機會我再來好好寫一下視覺有問題的醋桶前男友。

　　像我這種搞笑加其貌不揚的女生（其貌不揚為主），所有人都想當我的朋友，跟我在一起聊天會很開心，跟我站在一起又顯得好看（國民好閨蜜就應該是又醜又 fun）。追我的男生卻比與神同行的貴人還難等，我的桃花比鐵樹開花還要難，粉水晶磨成粉，外敷內服也無效。

　　慘遭痛甩之後，不知道下一個貴人幾百年後才會出現，失戀加上當時爆紅完熱度剛過，我對未來很迷惘。人家說魚與熊掌不可兼得，但我失戀失業卻可以一次到位。那個時候的我，不是躺在那邊唱劉若英的〈一輩子的孤單〉or 林宥嘉

的〈傻子〉，就是打電動虐自己隊友（還有酗酒），我偶爾會跟 Green 一起打電動，不過，願意邊打電動邊聽笑話的人也不少，所以我也沒有很常跟他玩（講笑話真的是最強 buff 啦！誰敢來踩界）。

在我渾渾噩噩過日子，以為人生最慘不過如此的時候，最恐怖的衝擊來了，我的室友 Y 小姐失戀了，男友受不了她的長期精神虐待，選擇消失在 Y 小姐的人生，Y 小姐算是一個恐怖情人，抱歉，講錯。Y 小姐是 MVP 恐怖情人，此刻她不只是恐怖情人，更是一個恐怖的失戀女鬼，我下通告回家打開房門，就看到她坐在我的位置上。

「依霖……我可以去找他嗎？」

「依霖……可是我想他。」

「依霖……可是我找不到他。」

「依霖……我可以打給他嗎？」

「依霖……可是他不接我電話。」

「依霖……我真的錯了嗎？」

「依霖……我假裝會改，他會相信嗎？」（這女的怎麼這麼沒品啊？！）

我洗完澡出來，又看到 Y 小姐在我房間。

「依霖……我可以去找他嗎？」上面問題又重複問一百遍！

睡夢中，隱隱約約發現Y小姐躺在我身邊看著我，我不敢妄動，瞇著眼睛偷看，她竟然一邊哭一邊盯著我！休想吵醒我！我絕對不要睜開眼睛！我絕對不要醒！裝死到底！容嬤嬤來壓我人中我都面不改色！然後Y小姐開始搖晃我……

「依霖……」（裝睡）

「依霖……妳睡好久了喔……」（越搖越大力）

「依霖……妳覺得我真的錯了嗎？」

我快崩潰了，跳起來！

「沒有！妳沒錯！」我說。

「那為什麼他不愛我？」女鬼說。

「好！妳錯了！」我說。

「那我錯在哪裡？」女鬼說。

我不知道！！！！！！！！！！！！！

Y小姐跟貞子選一個當伴娘，我選貞子，貞子都能比她甜美。每天，每時，每刻，她都在我耳邊問我重複的問題，無法停止，沒有答案的問題 rp 再 rp 再 rp ！

最後，我已經是一邊打電動一邊變 siri。

「我不清楚妳在說什麼。」

「妳再說一遍。」

「我找不到這個問題的答案。」

完全是毫無靈魂的對答，她也沒有罷休過（知道她男友為何要逃了吧）。失戀失業兼得就算了，還加購一個被鬼跟？我真的是沒辦法了，我跟 Y 小姐說：「妳去寫一百個妳覺得在愛情中做錯的事，我們再來討論，好嗎？」

我好不容易安靜打完一場，女鬼又飄過來了：「依霖～我寫到八十三個，妳可以先幫我改前面嗎？」

乾～～～～～～她真的在寫！怎麼可以，這！麼！煩！！！！！！**看不出來我在打發她嗎？？還是要直接拿出打蛋器打她才會知道我在打發她，咬舌不能自盡，這件事是我當時實驗出來的。我原本怕她太傷心會自殺，後來發現她太傷心會使人自殺。**這時候希望的曙光來了，遊戲視窗對話框跳了出來。

小鷹淳（Green 的 ID）：「我明天要回花蓮，要一起嗎？」

秒殺公主（我的 ID）：「好！什麼時候？我都可以！訂好車票了嗎？我先買？」

小鷹淳：「妳什麼時候變這麼好約 @@」

好約？那是因為他不知道我現在正在經歷些什麼！你現在約我去烏坵掃落葉我也去，女鬼再見！妳愛怎樣就怎樣，我的命也是命，離開前一刻女鬼跟我說：「依霖……妳幾天會回來？我一個人怎麼辦？」我說：「我不知道耶，我盡快！」OS 是「我盡快找到下一個行程」！

我在車站接到了女鬼的訊息：「我去找他了 ^^ 我在他摩托車放了一個小禮物喔～」「妳的小拇指嗎？」我回。「巧克力啦 XD」最後女鬼用小拇指，不是，用巧克力跟男友復合了。去年結婚育有一子，希望他們白頭到老（非常誠摯的祝福），我不敢想像如果他們離婚了，女鬼 plus 有多可怕。

我在火車站等 Green 那個該死的王八蛋，不過我不在乎，自己一個人坐到台東我也是笑的，只要可以離開女鬼纏身的家，哪裡都好美麗，空氣都好清新。我傳訊息給他：「我到了，你呢？」「妳竟然先到？！那妳幫我買麥當勞，一定要拿番茄醬喔！」「^^ok」我回傳。

上了火車，我把麥當勞拿給他，一打開他說：「怎麼沒有番茄醬？」

我驚：「你不是說不要拿番茄醬嗎？我特別叫他不要給我誒。」

時至今日，我的耳朵聽到的跟現實生活永遠都不一樣，我先生現在學乖了，與其跟我吵得臉紅脖子粗，不如直接用錄音的。（我們的行車記錄器最常拿來使用於打臉我。）

Green：「那妳等一下回玉里嗎？」

我：「沒有啊，我不想回家。」

Green：「蛤？那妳要幹嘛？」

我：「我不知道啊，跟著你啊～」

補充說明一下我為什麼不想回家，大家可以先跳到下一章〈我媽很特別，她特別瘋〉那篇。之前在網路上寫的時候，**很多有同樣狀況的朋友都來問我，怎麼可以這麼樂觀？我又不是什麼樂觀怪獸，遇到任何事情都超級樂觀，看開都有個過程的。**

如何面對這樣的情形，我個人分為四個階段：

第一階段：驚慌失措，以淚洗面。

第二階段：自身難保，無法面對。

第三階段：假裝接受，內心譴責。

第四階段：真心理解，認真陪伴（偶爾偷比中指）。

這個時期差不多是第二階段，我真心奉勸各位，別為了救溺水的人把自己淹死，面對女鬼是這樣，面對我媽時也是，

任何情況請先自保。

所以我就這樣跟著 Green 混了一整個週末，死皮賴臉地跟著他跟朋友一起玩花蓮，當時七星潭有一間新開的酒吧叫艾澤拉斯

花蓮的海。

（已經關了，不過現在有一間牧羊人也很讚），一邊吹海風一邊喝酒，被鬼跟的陰霾瞬間吹散了。突然想起高中時期，下了課，從花女偷球出來，跑到對面北濱打沙排，多流汗的時候確實少流淚。我們就這樣坐在海邊酒後閒聊了很久很久。

週末過後，我回台北，他回桃園，我們又回到高中時期的天天熱線，不一樣的是，**以前只講笑話，五年後的我們會講開心的事情，也會講不開心的事情。以前我們以為開心最重要，後來發現哭跟笑一樣重要。**

就這樣，我們慢慢地把這五年的拼圖一點一點拼回來，

偶爾約出去喝酒、吃飯、唱歌、打遊戲，從前很鐵的氛圍，默默開始出現粉紅泡泡，就這樣持續了大半年。

有次他說：「上次花蓮那個我們很愛的酒吧，聽說始祖是桃園店，要不要來試看看？」（騙女人的話術。）

我說：「不喝對不起父母。」（多想被騙的女人？）

還記得那天我們點了調酒「狂戀」，回花蓮的時候點的也是「狂戀」，想知道花蓮的「狂戀」跟桃園的「狂戀」有何不同，那就是桃園的確實比較「狂」！喝完一起坐計程車回到他家，一關上門（小朋友不要看），這個粉紅泡泡終於受不了了，要爆～～～～～了！！前一秒還是兄弟，下一秒直接爆～～～～～喇！！

沒想到天雷剛勾動地火之際，Green 竟然給我彈開！

Green：「誒！誒！誒！謝依霖！妳真的知道我是誰嗎？」（還沒醉到把你當玄彬啦！）

我說：「幹嘛？我知道啊！」（害我突然醒來。）

Green：「啊妳有要跟我在一起嗎？！」

我說：「啊妳有喜歡我嗎？！」

Green：「喜歡啊！」

我說：「啊那就在一起啊！」

在一起就在一起，不知道這兩個人是在兇什麼？一個好好的戀愛場面，搞得很像兄弟歃血為盟，然後……然後就沒有然後了，粉紅泡泡全部消失，兩個人瞬間尷尬起來，陳浩南跟山雞說：「那妳先睡吧，晚安。」

原來桃園這杯「狂戀」還有一個不一樣的點，特別快醒！我們就這樣，衣著整齊、彼此尊重、完全沒有肢體接觸，像當兵時跟鄰兵的距離一樣（講得好像我當過）。過了一夜，天亮了，想到昨天的畫面，我心想：「他如果沒提，我也裝死到底，假裝沒發生過。」反正我們也沒真的幹嘛，船過水無痕，哥們兄弟繼續當 bro。

Green 坐起身，說：「妳該不會想裝死吧？」

我說：「蛤？沒有啊～」（嚇到！我跟唐綺陽交往嗎？）

他說：「走吧，我們去吃早餐。我跟妳說，我不是妳前男友，休想我下去買給妳，要吃一起下去吃。妳想當公主，我才想當王子勒。」

原來，王子跟公主可以過著幸福快樂的日子，那是因為雜事都是僕人在做。

別為了救溺水的人卻把自己淹死，
面對女兒是這樣，面對我媽也是，
任何情況請先自保！

幸福二人世界？

在一起不久後，Green 去當兵了。軍中沒有手機，每一天我都準時等待著「未顯示來電」，深怕自己錯過任何一通，我知道那是他排隊排很久得來的十分鐘。那天我一如既往秒接起「未顯示來電」，但 Green 今天好奇怪，一直支吾其詞，我心裡有點害怕，他到底怎麼了？他說他發現自己愛上了同梯 Dan，終於找到自己，不想再假裝喜歡女孩子了。傷心、震驚、無法接受，我全身都在發抖。直到過了很久，我才冷靜下來，雖然我們才剛成為戀人，但他更是我很好的朋友，我恨他欺騙我，但我更不想看到他欺騙自己，我應該要放手祝福他，可是他說他不想跟我分開，他愛我也愛 Dan，而且他不想看到媽媽傷心的樣子，於是跟我溝通，你、我、Dan 三人行看看？

於是我認識了 Dan，他確實是一個很棒的人，我們三個

人生活在一起，竟然有完美的平衡，所以我們就一直假婚姻、代孕到了現在，兩個爸爸一個媽媽其實也很幸福。（END！謝謝大家收看～）

開玩笑的～他真的不是 gay 啦！！（如果我不算偽娘的話。）Dan 只是同梯一起互相刷背的好姐妹！！Dan 就是神仙補習班的丹丹老師，歡迎上 podcast 搜尋「神仙補習班」，我跟丹丹是主持人，我先生是製作人，還有 OD。不是感情三人行，但我們現在也算是工作上的四人行啦！

繼續回來講我們的故事。

當完兵，他為了離我近一點，跑到了台北，那時候我還沒有這麼忙。在一起的時候，我們會把他喜歡看的電影都重新看一次，他常常虧我是電影人卻什麼

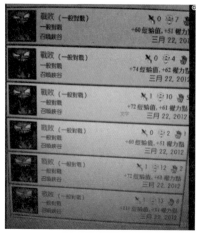

早點交往早點 carry 我，
也不至於有這種人神共憤
的戰績。

電影都沒看過，我說：
「我不是電影人，我只
是電影明星。」

我們習慣在 skype 一起度過各種節日，永遠不需要禮物跟大餐，但手寫卡片是必備。

　　我沒有生活愛好，
除了賺錢就是睡覺、
喝酒、打電動，他把
他的歌單放進我的歌
單（不然到現在我還
在聽單眼皮女生）。

　　我們從 count on me 變成 lucky。

Lucky I'm in love with my best friend

Lucky we're in love in every way

　　每天都在驚嘆怎麼沒有早一點把他從兄弟變愛人，早點
交往早點 carry 我，也不至於打電動一直輸。從此以後我們就
變成下路實力最不平均的鴛鴦，組成了一個英雄聯盟戰隊叫
做「大鷹帝國」，他是小鷹淳，我是美鷹霖。還有很多好朋友，
寒英晶、老鷹弟、酸鷹囊（女鬼那篇 Y 小姐的老公，讓我們
再次感謝他）、莓茵布、嘻櫻娜（我兩個妹妹其中一個比我
還要雷，我就不說哪個了，反正只要看到這兩個 ID 在對面，

先笑就對了）。

在手遊的世界裡，他是輸出，我是輔助。但在現實生活呢，我越來越忙（越來越紅），他慢慢變成我的輔助，開始處理我的所有雜事，我只要專心賺錢，啥事不管。

熱狗除了說唱什麼都不會，依霖除了搞笑什麼都不會。

現實生活和網路戰場我們都找到了合拍的默契，配合得很好，就這樣，我們一起刷遊戲副本和社會副本。從內湖三人分租 2.5w 公寓開始（還有 Y 小姐@@），慢慢把我爸媽的幾百萬負債還完，再從地下錢莊手裡贖回我外婆的房子（去之前他還練了一下台語，被砍時才可以求饒）。負的處理完之後，他幫我在木柵找了一間兩層樓有庭院的房子（Y 小姐也一起搬來了@@），養了兩隻全宇宙最可愛的貓，到此為止，**我們的生活已經百分之 99 的完美了，大概是最適合彼此的一對佳偶了吧。但我們並沒有越來越幸福，跟所有電影演的一樣，生活越刻苦愛就越濃，生活越舒適愛就變質。**

「女強男弱，注定失敗。」

「拿女人錢就是吃軟飯。」

「男人沒有事業心就是沒有肩膀。」

「妳到時候就知道，人財兩失。」

「他沒辦法讓妳更好的，妳怎麼不去找男明星或富二代？」（你倒是勸勸男明星跟富二代啊！怎麼會是來勸我勒？）

愛得很炙熱的時候，我們可以假裝這些都聽不到，但是在熱戀過後呢？這些質疑在我們之間鑿開了一個裂痕，生活的摩擦又很快地找到了這個裂痕，不斷往裡面倒水。

他跟我說的每一件事情我都不記得，衣服要放哪邊？家裡的電話幾號？這些「雜事」「小事」「不重要的事」我從來不放在心上。他告訴我的事，我只會說「不知道誒、我忘了、沒差啊、你有說過嗎？」

剛開始他覺得這樣的我很傻很可愛，但時間久了就變成很蠢很可恨，他覺得自己做的所有事情都是不重要的，甚至連「他」對我來說都是不重要的，我們都不是 Y 小姐，沒有「爭」媛體質，一直以來很少有爭執（鬥嘴都用 free style battle）。但我們慢慢地越來越少笑聲，對彼此越來越冷淡。

因為我常常不在台灣，過去如果我隔天要出遠門，前一天晚上我們會黏著彼此聊天，聊到早上我才離開家。這天我又要出去工作了，以前內湖的家是 IKEA 小小雙人床，我們總

是貼在一起，熱得要死。後來木柵的家是 Mountain Living 的大床，我們不用貼在一起了，乳膠床很好睡，空間又大，各有各的位置，離這麼遠，講話都聽不太到了，但其實也沒什麼話好說了。

他說：「感覺我們走不下去了。」

我說：「嗯。」

他說：「那我們就先這樣吧。」

我說：「好……那你之後打算怎麼辦？」

他說：「先回花蓮吧，貓咪我帶走，反正妳也沒辦法照顧，車我也開走，反正妳不會開車。」

我說：「嗯。」

今天晚上我才感受到，木柵的山邊，真的很安靜。

天亮了，我要出發去工作了，手機又開始播放 leaving on a jet plane，同樣的歌詞，今天悟出不一樣的版本。

我離開前跟他說：「我們再試看看好嗎？」

Green 說：「好，我們都不要後悔。」

剛在一起的時候我們就聊過，分手真的好虧，失戀就算了，還少一個朋友。後來的生活一如既往過著，我們沒有改

變任何事，但我們的感情從「不要後悔」那句話開始，原地復活了！按 B 回城（有玩《英雄聯盟》的人就懂）！！

生活是我們自己過的，別人覺得你們再般配，快不快樂都只有自己知道。別人認為的好衣服，穿在妳身上可能一點都不舒服。建議沒錯，你沒錯，衣服也沒錯，可是結局卻糟透了。世界上這麼多的人，這麼多種搭配組合，怎麼可能是用一個幸福公式就可以帶入找到答案的呢？

愛情裡，我們參考姐妹意見，看劇，看小說，透過心理測驗來揣測對方的心意，最終得到的答案雜質一堆，搞到為什麼分開都不清楚。與其活在別人嘴裡，不如活在自己手裡，兩個人的關係應該由兩個人定義，不要再「誰說」「誰覺得怎樣」「他應該要懂我吧」，簡單一點，兩個人直球對決吧！！

我希望 Green 對我口氣好一點，更有耐心一點。Green 希望我把他說的話聽進去，不要敷衍。我回頭想想自己，從在社會底層掙扎求生，到爆紅、拍電影、上各式綜藝節目。從一個蹲在樓梯角偷吃餐廳剩菜，被抓到臭罵還被扣薪水的打工仔仔，到所有人都叫我姐。（HOLD 住姐不是我自封的，康永哥都叫姐，我也很折壽。）**工作人員都對我畢恭畢敬，休息室桌上總是擺著滿滿根本吃不完的食物，我從撿餿水的**

老鼠，變成普渡的豬。錢、名、利，所有東西得到得太快、太簡單，當明星就像是跟魔鬼交換禮物，我得到了我夢寐以求的東西，可怕的是，我不知道自己正在失去什麼。

我開始真正去聽 Green 跟我說的話和生活瑣事，雖然我的達成率偏低，出包率八成，但我再也不是「賺錢最大尾」，剩下的瑣事都不重要的態度。賺錢沒有最大尾，只是彼此做好分工、彼此尊重，生活又回到了兩個人最舒服的樣子，兩個人兩隻貓兩層樓的房，愜意地過了一年。

at that moment～我懷孕啦！（是因為太舒服嗎＝///＝）

第一胎的孕期，我快樂得不得了～每天起床都想著吃什麼，想去哪玩就去哪玩，我們當時非常癡迷一個遊戲叫「萬王之王」，每天都在刷副本、經營工會，跟團友打完副本準時八點去走貓空的步道，邊走邊聊天，聊未來、過去、裝備怎麼配、怎樣課金最省、跟其他公會的牛肉怎麼解決（收起你們鄙視的眼光）。

就這樣一路到我生產，我看著他抱著女兒的樣子，心想，好老公可能有千百種樣子，但最有愛的好爸爸絕對就是我眼前這個樣子。

懷第一胎的時候每天都會乖
乖散步，貓空的夜景很美。

接著很快地，我們又有了第二個孩子。（真的太舒服了
吧＝ /// ＝）

我們不得不開始面對現實，女主外男主內最大的 BUG，
尤其像我這種賣笑又賣身的女人，就是不能邊生小孩邊賺錢
啊！難道要直播生產嗎？

「讓我們謝謝陳大哥送我的跑車啊啊啊啊啊～～～」

「頭出來了！！謝謝 vivi 的火箭～邀請妳來剪臍帶喔～」

太荒謬了啦！！再這樣下去我們全家都要喝西北風了，

而且還一連兩胎！直接西北風連一拉一！三台！我們兩個小腦袋轉啊轉，開不了源，可以節流啊！

很久以前，我們在花蓮買了一塊地，張震嶽的〈破吉他〉唱著：「回花蓮買一塊農地～♪～養雞種田～♪～」聽著聽著我們就買地了（結果我回花蓮了，他還住木柵）。

把木柵的房子賣掉，回花蓮可以低成本生活，還離我們的爸媽都近，爸媽開心，孩子也開心。Green 回去後開了一間小洗車店，我也洗盡鉛華在家相夫教子，甜蜜收尾～～～～～～感謝收看！！

我也以為是這樣，但，真正的惡夢才剛開始。

CHAPTER 2

世界上這麼多人，這麼多才搭配組合，
怎麼可能用一個幸福公式
就可以帶入找到答案的呢？

歡迎光臨天公伯的
無菜單料理

　　Green 是一個龜毛難搞又愛車的男人，回來花蓮後，每一家洗車店都被他挑毛病，所以我們就決定開一家自己的洗車店，車類相關一直都是他想做的事情，我一個摩拳擦掌啊～過去他支持我做我的事情，現在換我好好支持他！做個賢內助（是的，沒錯！就是你們猜的那樣 ^^ 嫌內蛀～）

　　一開始我就當粉專小編，畢竟我也算是個公眾人物嘛。在網路回應問題，表達方面我是有信心的，但客人永遠在給我問很艱深的問題，我不懂車，Green 在忙，我又怕客人等，於是開始瞎答，客人問我車型，我回他價格，他問我價格，我回他時間，Green 每次打開訊息都是一個綜藝捧，他受不了了。「沒關係，真的，妳去設計海報跟價目表。」但因為做出來價格不是少一個零就是多一個零，他後來也乾脆自己做了，算了，我就好好把家顧好吧。

拉起來又跳，再拉起來又再跳，我乾脆用膠帶把它黏起來。

「誒？瓦斯沒了……我是要叫95還是98的？」吹個頭髮就跳電，拉起來又跳，再拉起來又再跳，不堪其擾，我就用膠帶把它黏起來。Green回家看到電箱嚇到吃手手，解釋了半天，為什麼這個東西要這樣，而我為什麼不能這樣，反正就是不要勉強它，強摘的果子不甜的意思。

　　每天早上我跟女兒還在睡覺他就消失了，晚上回家之後又開始各種嫌棄，念東念西。像是把我洗過的碗再洗一次。其實只是外面還有一點油油跟很難摳的渣渣，碗裡面會吃到的地方我都洗得很乾淨，保證不影響使用，幸好後來買了洗碗機，解決了矛盾（感謝科技）。他也會把我洗過的衣服

再洗一次，這個算是 My fault 啦！我的鍋！我對洗衣機真的很不熟，在我的理解裡，洗衣機就是除了碗盤以外什麼都可以丟進去，塞爆它一起洗，然後拿出來聞沒有臭臭的，就是一百分。

Green 剛開始跟我在一起的時候，看到我把布鞋丟進去洗，他就再也不用那台洗衣機了（毛好多），沒有 Green 之前，**我的衣服都是穿了又穿，直到覺得臭了，就把那件衣服丟到一個黑色大垃圾袋裡面，垃圾袋滿了就帶回去玉里給我媽洗。不過我要澄清，內褲我都是每天自己手洗的！！雖然全身都是臭的，但妹妹是香的，算是敗絮其外，金玉其中！黃金蜆。**

大學時期隔壁寢室有個女同學，內褲累積一個月才「寄」回去台南給媽媽洗，每次看到她的洗臉盆越來越高我都在想，這些白帶可以拿來堆雪人了吧！ Do You Want to Build a Snowman? 真的是一噁還有一噁噁。

Green 還會把我鏟過的貓砂再鏟一次，鏟貓砂？不就是把屎屎挖出來嗎？鏟貓砂到底還有什麼哲學？！看不懂欸！你是考古學家嗎？整天回家給我噴來噴去，臉臭得跟大便一樣，啊不是說賺錢的人回家不要給我裝大尾，根本是無恥雙標仔！！！每天回家一臉累死的樣子，還要裝模作樣，故意

把我做的事情全部做一遍，根本就是針對我吧！

我忍不住 OS：「老娘好好的女明星不當，跑來這個窮鄉僻壤（哈囉～我自己家鄉）當黃臉婆！你不感激涕零就算了，還在那邊給我鄙視的眼神，眼睛一大一小的鳥臉！」

他只要回家，我就看到一個眼睛一大一小的移動大便在那邊唧唧歪歪，這個不對，那個不對……等一下！不對！你的眼睛……為什麼有一邊一直都是垂下來的？好像不是在鄙視我，是真的打不開……

Green 去眼科檢查，眼科說：「你這個不是眼睛的問題喔，請去大醫院檢查看看。」

我們到了慈濟醫院檢查，結果發現 Green 的胸腺有一顆腫瘤，可能是腫瘤導致的「重症肌無力」。「重症肌無力」？這什麼東西？完全沒聽過！Wait wait wait wait……不對詼……不對詼！老天爺！我這邊點的是一份「女主罹病男主細心照料不離不棄套餐」，怎麼來的會是「孩子尚幼老婆即將臨盆老公罹患罕病全餐」？？我沒有點這套！！這不是我的菜啊！給我送回去！！！！！！

原來，天公伯這間餐廳是無菜單料理，他給你什麼就吃什麼，還想點餐啊？至於「重症肌無力」我就不解釋這是什

麼病了，但願你們此生不
要認識它。

　　題外話插播：Green
跟瘋婆阿珠（我媽）那
陣子都抽電子菸。覺得
電子菸又省又不臭還
沒有焦油很讚！不過
不知是巧合還是怎麼

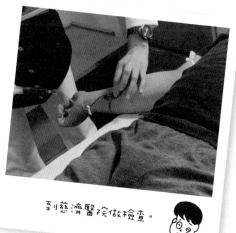

到慈濟醫院做檢查。

了，**半年內他們兩個竟然
都陸續發現了腫瘤！所以我看到朋友在抽電子菸都會大喊母
湯！當然紙菸也不好，我們都戒掉了，老話一句：「生命美好，
戒菸及早。」**

　　Green 的腫瘤雖然不是惡性的，但是醫生建議把整個胸線
切除，重症肌無力患者在切除胸腺之後，是有機率完全康復
的。當時我懷胎八個月，Green 決定等我做完月子才開刀，開
刀前一天他還一直念：「還是妳回家換我媽來好了啦！」
　　出包率八成的女人不是喊假的，他人生第一次住院就是

我下的毒手，當年是這樣的⋯⋯

他說他肚子痛，我問：「你有大便嗎？」

他仔細想想好像沒有，我說：「我來幫你按摩，排出來就沒事了。」

邊按他邊哀號，求我放過他，我不依不饒，越按越用力，用全身力氣往下壓，還一邊念著：「痛則不通！通則不痛！！」就是要按到他不會痛為止！最後他嘴唇發白地跑去睡覺。隔天起床，我發現他消失了。打電話給他，他說他人在醫院，我嚇了一跳，想說發生什麼事情了？

他說：「⋯⋯應該是急性盲腸炎⋯⋯」

我說：「你什麼時候去的？怎麼去的？」

他說：「⋯⋯半夜自己騎摩托車來的⋯⋯」

我很生氣：「太誇張了！太危險了！你幹嘛要自己去？為什麼不叫我起來就好？」

他說：「⋯⋯我叫妳好久都叫不起來，所以我才自己來的。」（大驚！你真的有叫我嗎？）

就這樣，信任的小船說翻就翻，一去不回來～ But ！！現在的我不一樣了，人都會成長的好嗎？

開刀當天他是第一台刀，我一早就來 stand by，拿了書架

上最厚的那本書，買了慈濟醫院對面的早餐店。肉排蛋吐司切邊蛋不熟＋大冰奶，這場戲我已經 re 好了。

先吃吐司再一邊喝大冰奶一邊看書，途中大冰奶發作，順勢拉個屎，正當我書看得不要不要的時候，他剛好被推出來，我就拿手機錄影，記錄他麻醉剛退的蠢樣，「哈哈哈哈哈好白癡喔，你現在覺得怎樣啊？很暈嗎？」

但這個早餐店可能沒吃過不合，吃兩口我就吃不下去了。大冰奶就是大冰奶，反式脂肪加糖就給過，全部喝光光，可這個大冰奶沒有發作啊！可能是等待的區域太肅穆了吧，害我屎意都沒了。我看兩行書就忍不住看看手術室，再看兩行又忍不住看看手術室。書裡到底寫什麼我根本不知道，完全不能專心，算了，我乾脆在手術室外面等吧！

看著別人一台一台被推出來，七點進去……九點……十點……下午一點……三點……我的臉已經快貼在手術室的玻璃上了。終於～護理師出來跟我說開完了，可以到加護病房看他。為什麼不是從這邊推出來？大家都是從這邊推出來的呀？！真的很討厭耶！怎麼整場戲都跟 re 的都不一樣啦！！！

到了加護病房，距離上次看到他才不過八個小時，卻是

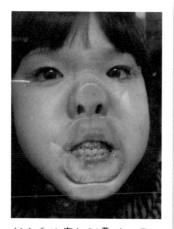

我在手術室外貼著玻璃看我尢的樣子。

一個完全不一樣的他。全身上下插滿管子，管子連到一堆機器，臉色慘白。**我看著這個傢伙，總是這麼討厭，嘴巴有夠壞，陰晴不定，毛又一堆，每次都把我氣得咬牙，咬到臼齒都快要碎掉，但是他從來沒有讓我的心這麼這麼痛過，我就站在那邊，搗著嘴巴無聲地痛哭。**

他閉著眼睛，身上的機器逼逼逼地響，不過，還好，真好，我又看到你了，活著的你。護理師過來溫暖地抱住我說：「沒事了！不要怕，都沒事了。」

謝謝她，這些恐懼真的快讓我窒息了，護理師轉頭猛搓我先生：「喂！反應一下啦！你老婆很擔心你耶！喂！動一下，YO！YO！醒醒～醒醒～」

Green 使出吃奶的力氣，撐起一點點的眼皮說：「我……痛……」

沒關係啦！真的沒關係！看到他就好了，我叫他趕快休

息。然後護理師再轉頭跟我說：「啊妳怎麼會在花蓮啊？我好喜歡看妳上康熙誒～」卡！情緒斷掉了啦！！

「喔……沒有啦，因為我跟他都是花蓮人，所以就回來了。」

「那妳之後還有要上通告嗎？」

「誒……不一定啦，看狀況～」

「啊我等一下可以跟妳拍照嗎？」

「好啊好啊～」

雖然眼淚鼻涕都還掛在臉上，但，瑕不掩瑜。雖然有點尷尬，不過我還是很感謝她這麼溫暖的擁抱。

我趁 Green 還沒醒，趕快跑去買東西給他吃，花蓮的粥，我只服「陳記狀元粥」，要選狀元粥還是滑牛粥啊？他平常都吃？不管啦～都叫狀元粥了，肯定選狀元吧！還有腸粉跟燒賣，他最愛了，全部給他帶過去。

Green 終於醒來了，我打開食物幫他放好，乾……我忘了拿餐具了啦～趕快東借西借，湊來湊去（感謝慈濟醫院加護病房的美女們）。

Green 打開粥：「嗯……裡面有香菇……」（他是菇類 hater。）

「有香菇嗎？狀元粥有香菇喔？」

都怪陳記狀元粥啦！他怎麼不寫香菇狀元粥啊？我趕緊再把腸粉跟燒賣打開～登愣！

Green：「嗯……咬……不動……」

最後他喝了一點果汁，其他東西全都由本人消滅光光！陳記狀元粥好吃！腸粉讚啦！東西收一收，我跟他說我明天再來，他很虛弱地說：「明天還是請我媽來好了……」

我說：「沒事沒事，同樣的錯誤不會犯第二次了！」

隔天，我想到之前坐月子的時候朋友有送我滴雞精。倒了一包，心想太少了吧！根本喝不飽啊，於是一共倒了六包（還好是送的，貴鬆鬆）拿到醫院，Green一打開，說：「這什麼味道，好詭異。」

我說：「滴雞精啊，我用了六包！」

護理師聽到馬上說：「他是長腫瘤，不能喝這麼補喔～」

嗯……明天還是讓你媽來好了。

出院後，他恢復得很好（因為他媽媽接手了！謝小姐請出去！）其實很多「重症肌無力」患者在眼科一直找不到原因，我們很幸運很早就發現了這個問題，切除胸腺腫瘤之後，他慢慢地把藥都停了。

我們開始健康生活，菸戒了，酒很偶爾喝，早睡早起，清淡飲食。Green 也很勤勞地去健身，意外發現自己根本是練武奇才！終於！烏雲過去，雨過天晴啦！要不是該死的疫情害得我們不能去健身房，不然 Green 現在應該是花蓮巨石強森。

人生真正的谷底，就是你以為已經在谷底卻又掉下去了。

從交往開始我們都是一起洗澡，除了我女兒剛出生的時候，當時新手爸媽怕她哭沒聽到，就會分開洗澡。但生了老二之後就不管了，之前那根本是多餘的擔心，嬰兒不哭到我們聽到是不會罷休的！一起洗澡的時間，就是彼此匯報一下今天發生什麼事情，那天可能水聲太大，他說一句話我沒聽清楚，他又說了一次，我還是沒聽清楚，就這樣重複好幾次，我不敢再問你在說什麼了。因為我發現，他的嘴巴好像很難張開，才會每個字都黏在一起。

我們回醫院檢查，嗯，他復發了……我蠢得以為惡夢醒了呢，結果老天一拳把我捶回去，繼續做惡夢吧妳！我開始反省，是因為我這兩年善事做太少嗎？老天爺為什麼要懲罰我？可是老天啊，我收入變少，捐款變少也是合理的吧？收

稅也是有比例的耶！你數學老師怎麼教你的啊？！

他不是幸運的那群人，雖然切除胸腺了，但還是無法痊癒，這輩子只能跟「重症肌無力」共存。想哭嗎？我哭得好累再也不想哭了，樂觀面對？別勉強自己了，假笑好醜喔，命運才不在乎你是悲觀還是樂觀，這就是上天的無菜單料理啊！

去年我女兒生日的時候，我們在花蓮的山邊露營，孩子睡著了，我們坐在帳篷外面看著花蓮的夜景聊天。

我問他：「你怕什麼東西？」

他說：「怕死。」

他哭了，我幾乎沒看過他哭（差點買不到波多野結衣天使惡魔卡那次不算，那是氣哭）。我常在想，我該感謝這一切讓我懂得珍惜嗎？不知道，此刻好像還沒辦法這麼正面吧。現在 Green 的狀況還算穩定，跟著醫生腳步隨時調整，起起伏伏，好的時候會去店裡，或是在家看盤操盤。不過最近這個股市啊！搞得我先生病情都惡化了！！如果國安基金再努力一點，我先生可能就痊癒了？（結果打了幾千字就是為了跟國安基金喊話？）開玩笑啦！我叫他不要看了，健康真的是最重要的，其他就放輕鬆 bro（不過國安基金還是可以繼續

幫忙喔 XD）。平淡無憂的生活得來不易，且行且珍惜。

　　我們兩個喜歡給對方寫萬言書，手寫生日卡，這篇雖然是打字，可是也夠長篇，夠誠意了吧！下面是那年生日我寫給他的一段話。（強烈放閃，建議先吐完再來看！）

> **噗鼻！生日快樂，**
> **感謝你在我陷入憂鬱邊緣的時候，接住了我，**
> **感謝你在我心中充滿恨的時候，溫暖了我，**
> **感謝你在我失去方向的時候，找到了我，**
> **很抱歉我永遠在當別人的小太陽，**
> **卻留給你最黑暗的我。**
> **我總想著怎麼療癒別人，可是只有你療癒我。**
> **我的情人，我的先生，我孩子的爹，我的盟友，**
> **我的生活夥伴，我的旅伴，我唯一的固炮（五星吹捧），**
> **我愛你，祝你健康快樂，萬事如意，股市回萬八。**

　　故事寫完，沒有未完待續了，但我希望我跟 Green 有更多更多的未完待續。以後的世界充滿未知，搞不好未來他會搞上什麼妖豔賤貨（他是重症肌無力，不是雞雞無力），然

後再也忍不住開始揍我、捲光我的錢，如果這樣我是一定會再寫文章復仇的啦！寫得比這些多一百倍，還加油添醋，我唬爛杜撰功力可是一流！但不排除有一種可能是金城武正在偷看我的作品，心想這女孩太可愛了吧！真想擁有她！透過各種方法想接近我，橫刀奪愛。

老實說，這樣我確實會很為難，我是有家庭的人，難道要為了金城武拋家棄子嗎？廢話！馬上拋掉！金城武誒！燒殺擄掠都做得出來了，拋家棄子算什麼？哈哈哈哈哈哈，Green 一定會祝福我的，如果明日花愛上他，我也是含笑祝福啊！好了啦！我真的好愛廢話喔，根本電視廢話冠軍。

認真講，**我寫故事表面上好像是要逗大家開心，治癒別人，但其實寫下這些的過程裡，是在治癒我自己**。我的人生發生了很多事情，當下很難消化，而我又不太會表達負面情緒，總是把它堆在心裡的一個角落，發臭～～發爛～～

可以把這些都好好地寫出來，確實幫助我自己釋放很多壓力。感謝你們被我騙進來，陪我治療自己，如果過程中有給你開心或是感動，那就算你賺到啦！啾咪～

想哭嗎?哭得好累喔,哭不出來了。
樂觀面對吧!別勉強笑自己了!假笑好醜喔,
命運才不在乎你是悲觀還是樂觀,

這就是上天的

無菜單料理

enjoy!

Blue虎穴焉得虎子

　　2022 年的時候，原本打算懷一個虎寶寶，朋友家人都在問：「不是要生嗎？」奇怪欸，啊是不能不中喔，搞得好像每個經產婦腳一開就生得出來一樣。虎年上半年的時候，兩個小孩都還小，我不想一次顧三個，畢竟老大跟老二才差十六個月，生完第一胎我只覺得下一胎越快越好，於是老大六個月時我就有了老二，結果生完一個零個月 ，一個十六個月，作息完全不一樣也都無法溝通，處於野獸一樣的狀態。

　　三年半……天知道這三年半我是怎麼熬過來的，**我原本還放大話說我想自己帶到國小再送小孩去上學，現在我只想坐時光機回去手刀砍自己的喉頭。好不容易兩個小孩都排到幼稚園，可以去上課了（含淚撒花，感謝上蒼父母給我生命，感謝老師延續我壽命）**，自從知道他們兩個都可以去上課之後，我就覺得可以開始計畫生老三了。

中間有兩個星座跟我們夫妻倆都很不合（就不說哪兩個了），所以一直以來那兩個星座受孕的月分我們都是阿彌陀佛相敬如賓，床中間放一碗水，深怕有什麼意外。然後從巨蟹、獅子、天秤……一路落空，剩下最後孕育虎寶的機會到了！排卵期 4/22，我決定開始追殺我老公到四月底，三天一會，為期十天約我老公播種，希望他多保重了，我們還有個通關密語：今晚打老虎……

當初我跟老公都希望未來可以回花蓮生小孩，但沒有訂下確切的時間點，所以第一胎老實說也是有點意外。後來決定回花蓮定居也是突然一個腦衝，當時剛生完第一胎，我爸媽跟公婆常常上台北，偶爾也會幫我帶小孩，畢竟我們兩家都很久沒有小孩了，我跟我老公一臉不靠譜的鳥樣，爸媽公婆覺得他們的孫子太可憐了。而且不知道為什麼父母變成祖父母之後，那個人設之慈祥的啊，根本川劇式變臉，完全不是過去認識的那個人。小寶寶都好金貴，風吹會飛走，我怎麼記得我們當年都是舔地板長大的，我爸媽眉頭也不皺一下。如今兩片灰塵掉在小孩旁邊他們都要出動清消大隊，孫子是塊寶，兒女還不如草。

老實說自己在家顧小孩真的堪比關入大牢，我還記得台北的家客廳有個落地窗，透過落地窗可以看到大門，爸媽公婆說要來的那天，我都會一直看著落地窗外的大門，殷殷期盼，那個心情真的不亞於在獄中被探監（講得好像真的有被關過）。

有一次我婆婆說要來，我一直偷瞄卻等不到，等到開始有點緊張了。因為那陣子有點下雨，蘇花雖然改了不少但還是會擔心落石之類的，結果原來我婆婆繞去宜蘭先買點滷味所以晚了一點，害我一個緊張的，突然就覺得為什麼我們要讓長輩這麼危險地跑來跑去，只不過是想看孫，就要開上三四個小時的車，這麼累。

題外話插播：

西部人、北部人、南部人（沒錯我就是一次戰這麼多）不要再給我講一些為什麼不搭高鐵／客運／飛機啊，這種何不食肉糜的建言了！！花蓮很長～同樣住在花蓮，我婆家跟娘家開車都要一個半小時了，沒有高速公路，沒有高鐵，客運很少，飛機也很少。所以拜託，花東人在靠北交通麻煩的時候，請不要再一臉傻白甜地問：「那為什麼不……呢？」

對啊，我怎麼沒想到可以坐火箭砲呢？

於是想想我們就直接回來花蓮定居了（好感人第三十八孝），講到這裡還沒講到我想說的故事，重點是回花蓮以後常常遇到很多地震，所以身為一個資深的花蓮仔，腦內已經有一百種逃難的方式，所有最難堪的畫面我都已經預想過了。在電梯中、拉屎拉到中段、裸睡衝出去、抓錯衣服等等，結果我貧瘠的想像力還是輸給了命運。

某次花蓮大地震，沒有錯，我剛好就在打。老。虎。你可能會想，也太貪戀肉體了吧！直接結束就好了啊，正常是這樣沒有錯，我老公又不是貓，老二上有倒刺，還有防逃機制。尷尬的就是這個時機點這麼巧妙，已經要擺出 ending pose 了。

老公開始進入烏龜模式第一次，

地～

烏龜模式第二次，

震～

烏龜模式第三次，

大～地～震～

我看著床頭的吊燈晃來晃去，越晃越大，心想：「幹幹

幹幹幹幹幹幹幹幹！」像我們這種在一起這麼久的夫妻，還三不五時會被小孩 gank（電玩用語，偷襲的意思啦），砲都打在刀口上，這……麼小的機率也給拎北攤上了。根本不是打老虎，我直接打地牛。

地震停下來，我老公也從烏龜模式轉為聖人模式，他說：「啊，我，竟然造成了天地異象。」說完馬上又來一波更大的震，我們兩個馬上跳起來衝去速洗，我老公竟然還在笑說：「都怪我～都怪我～撼動了天地啊～～～」

知道為什麼男人平均壽命比女人短嗎？就是在這種危急存亡之秋，男人還有時間跟心情噴垃圾話！我腦海裡盡是目前這個狀態受困的畫面，我的恥力再高也過不去這個坎。還好，最後我們安全地穿好衣服，跑到小孩房間睡覺還準備好一桶水，心有餘悸地度過了一個可怕的夜晚。好的故事終於講完，話癆本人在此祝福大家地震的時候都可以平安度過，我是說身心靈都可以安全。

當爸媽變成祖父母之後，
那個人物設定之慈祥，
有如川劇變臉，
完全不是過去我認識的那個人。

這個鍋阿翰得背

　　月經來了。平常拖拖拉拉，重點時刻倒是來得極準時，不過虎寶夢碎我其實心裡早就有底了。

　　那天，我跟老公說：「今天排卵喔～」

　　老公說：「蛤～今天很累欸～」

　　我說：「不想做也沒差。」（開啟女人反話模式。）

　　老公：「明天再說啦～」

　　我：「你決定就好。」（幹去死。）

　　躺了十分鐘。

　　老公：「還是來做一下好了，好怕我自己後悔喔～」

　　我心裡雖然還在微賭爛，但以大局為重，迅速放下身段，馬上張開雙臂，說：**「過程不重要，今天是公事局，不是私人局，我們要的是結果，不用浪費時間。」**

　　我老公：「好，我知道了。」

一跨上來。

老公：「八百英呎～五百英呎～降肉！」

幹幹幹幹幹幹！我張開雙臂的大腿立刻蜷曲了起來，真的是直接沒辦法啦！！！我說不用調情，但也不用搞笑吧！

我大吼：「不要鬧啦！九天玄女我真的不行啦！」

畫面毀成這樣實在太難繼續了，就在這個時候，房門打開了，我女兒直接下路一個 gank Double kill（偷襲雙殺！！）

生我女兒前兩年，有一次月經遲遲不來，我以為中獎了，去醫院檢查才知道是多囊性卵巢，醫生說我不容易懷孕，我心想：「心疼這幾年避孕的錢錢啊！」後來完全不避孕，兩年後中了老大，再後來竟然無腦又中了老二，不想生的時候，牽手都可以懷孕。想生的時候，精子卵子每天在演住左邊住右邊。

一個月後，我終於驗到……心心念念的兩條線！打虎成功？沒有啦！只是確診而已。我妹妹打電動整天上網罵別人全家確診，我娘家全家才確診完，換我全家確診，真是謝謝了網路噴子。

一開始只有我跟兒子女兒陽性，**我老公整個身心靈都在**

抗拒短四公分這件事情，死活都是陰性，為什麼命運讓我面對這種陰陽分離？！一個人孤單面對「確診的」「不能出門的」「生病的」「兩個」兒童七天，還好第三天傳來好消息，我老公說：「幹！剩二十六公分了！」

　　不論你再怎麼抗拒，都躲避不了短四公分的宿命，我們一家不再陰陽分離，終於在陽世間團聚了。我家兩隻一個兩歲一個三歲半，發病的狀況一樣，在 37-40 度之間昏睡整天，讓我有點擔心，於是在線上看診的時候問醫生，一般昏睡跟腦炎昏睡的差別。

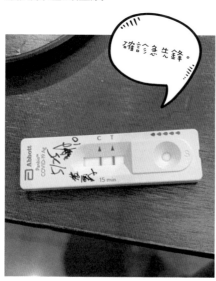

　　醫生說：「你把他搖醒，問他一百減七等於多少。」

　　我：「醫生，可是他才兩歲，他清醒的時候也回答不出來。」

　　醫生哈哈大笑說我以為他很大了抱歉，兩歲的話建議帶去兒童通道確認一下，然後我們

就去了醫院。理智的我知道現在不應該去醫院添亂，但醫生都已經建議去看一下，所以還是帶去醫院了。醫生說如果他眼睛可以看卡通，嘴巴可以吃進東西（一點點也算），發燒沒有超過 41 度，沒有全身抽搐，就是正常的發燒昏睡，不用緊張，拿了退燒藥就可以回家了。

果然燒了二十四小時之後，我們家這兩隻直接原地復活，我本人還在咳，這兩位大大卻完全船過水無痕，全新的肉體真的是有夠讚的，我這個老肉體比他們還嚴重，感冒分級如果一到十分，我給這次的體驗打個四分。

記得我在拍小時代 3.4 的時候，重感冒（這次我給十分）到半昏迷，在醫院吊點滴，剛好有一場滿重要又特殊的戲排好要拍了，灑水車也特別發來了，場地也借好了，武替也發了，現場所有東西都在等我一個人。無奈我真的病得太嚴重，連醫生都說我應該想動也動不了，當時的演員副導（他也是可憐）就跟醫生說：「有沒有辦法讓她打一針站起來，讓我拍完一場就讓她回來。」**聽到他這麼說，病得快死的我都笑出來了，那大概是我人生中覺得自己最紅的時刻了吧。**

確診後，我們立刻通報了身邊所有可能被影響的人，結

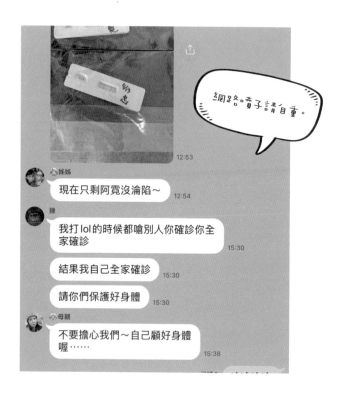

果大家都給我們好多關懷跟食物，陸續收到很多空投包。明明是我們自己不小心染疫造成麻煩，大家卻沒有白眼我們，還對我們那麼好。病毒很可惡，人卻好溫暖。

幸好我們一家很快就都康復了，除了四公分遺失了以外（開玩笑啦，我驗過貨了，一公分沒少），願大家都健康。

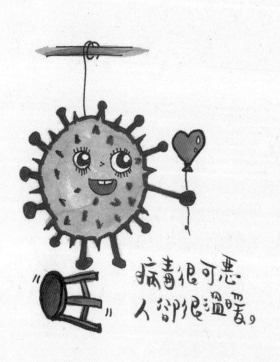

病毒很可惡
人卻很溫暖。

節能減碳結婚去

　　我跟我老公交往之後一直有共識，我們想一起回花蓮，因為我們都是花蓮人，然後能力所及多生幾個小孩，因為我們都超愛小孩，但沒有小孩我們就覺得沒必要結婚，分手還要花時間去離婚，不能講一下就好了。不結婚輕鬆自在節能又減碳**結婚之後稅金財產都要算一起，婚紗婚宴都貴鬆鬆，各大節日還要討論先去誰家過，再也不能各回各家各找各媽，真的是很虧，麻煩。結婚的好處我能想到的沒幾個，除了可以得到拔對方管的權利，其他我是覺得偏虧**，所以對結婚沒有憧憬。

　　以前打工剛好都跟結婚有關，一個是婚紗店，一個是喜宴餐廳服務生。喜宴上最恨一堆政治人物趁機來長篇大論，平常選舉前的政論發表辯論你們不看，結婚最重要的一天卻請他們來演講？而且喜宴為了要擺場面，盤子都巨爆重，我

2015/2/14

手跟腿都要斷了還不能上菜。婚紗店呢？最恨一堆姐妹好友婆婆媽媽都來給意見，這件再試看看好了，那件再試看看好了，不然第 6 件跟第 23 件跟第 58 件再比一次好了，電視選秀節目的賽制都沒有這麼複雜！

有一次我幫一個新人換婚紗，蹲下來幫她把裙撐放在婚紗裡面，一抬頭，阿～茲班呀～♪～爸爸裡吉娃娃～♪～她

大姐沒穿內褲，直接一個獅子王在我眼前，而且還屬於非常茂密的那種！說是獅子王完全不是誇飾！！我還得假裝淡定地繼續把工作做完，我一個大學生小小的心靈真的大大受傷，台北的新娘是都以此為美嗎？

這些打工經驗讓我對結婚埋下一定程度的陰影，結婚對我來說就是一個麻煩。花錢，又累，我覺得這個世界上大概只有女生真正在享受結婚，男生感覺從頭到尾都是配角道具，而且還是「帶資進組」的那種，所以我第一胎懷孕之後跟老公說：「我們登記就好，不要辦婚禮。」他整個笑開懷：「好啊！好啊！妳決定就好～」

後來好像發現自己太明顯，馬上收起笑容，帶著一點做作地說：「真的不會遺憾嗎？我是都 OK 啦。」那個表情真的很像玩抽鬼牌只剩兩張，我手移到鬼牌的時候對方的表情。**其實我真的覺得不太公平，女生說不花錢結婚，登記就好，普遍評論都是很識大體很持家。但男生如果說不花錢結婚，登記就好，嘩啦嘩啦就是一堆小氣～不懂得疼女人～嫁給他一定很可憐之類的 blabla，實在不公平。**

我跟我老公就這樣節能減碳地「裸婚」了，雖然這個年代大家已經對奉子成婚沒有什麼成見了，但我還是忍不住想

吐槽一下，什麼叫先上車後補票，這輛車可是要開很久的，不試一下怎麼行？要是開起來不舒服還要忍個幾十年，那真的太虧了吧！建議各位必先試乘啊！我媽當年還跟我說：「妳十八歲以後才能談戀愛喔！」「不要給我發現妳住在男生家！」我看在她是我生母給她面子，沒把台階全拆光。大姐～妳二十歲就生小孩了好嗎？真的是直接笑出來，這位阿姨要求別人的時候嘴都不會軟的　欸。我是奉子成婚，我老爸老媽也是，我公公婆婆也是，

一家優良基因傳承，以後我女兒兒子幹出這種事來我也一點也不意外，媽媽永遠微笑祝福～

對於想過的日子，我們一直很有共識。

通常只有女生在享受結婚，
男生從頭到尾都是配角＋道具，
而且還是「帶資進組」的那種。

同場加映：
婆婆我愛妳！

〰〰〰〰〰〰〰〰〰〰〰〰〰〰〰〰

　　原氏霖，這個角色 shout out to 我婆婆，阿美族大美女最近想學書法，上班必喝菊花茶，不善歌舞，我愛我的婆婆，身為新時代獨立女性，「孝順公婆」這種外星語不可能從我口中說出來，各位客官且聽我娓娓道來。

　　八年前我第一次正式跟我婆婆見面，是約在酒吧，她開口第一句就是問我：「妳有火嗎？」哇嘞～這種儲備婆婆給的菸牌，林則徐都不好意思拒絕！她說：「哎喲沒關係啦，我都沒差，把我當朋友～」

　　當時的我有在抽菸（生命美好，戒菸趁早），有菸牌可以拿當然是爽到不行。但我也不是被唬大的，**長輩那種「把我當朋友」，差不多等於業務說「我賠錢在賣」，話術聽聽就好，假開明實際上是想套你話探你底細，我還是有防備之心的。**話雖這麼 ，當晚我記得後來是跟我老公還有他姐妹四人喝到斷片才回家（說好的防備之心呢？）

直到後來正式成為她的媳婦，在台北自己帶小孩的時候，她幾乎每個假日都會開車上來救援。坐月子的時候還去買月子餐的書，做滿滿的筆記，再依照我的口味調整。回花蓮定居之後，她也是一有時間就來煮飯給我們吃，太多諸如此類奉獻型母親的行為不贅述，但最讓我真心愛死她的是——她基本上給我十足的自由（月亮射手我最怕的就是教條跟沒自由）。我在她面前可以自在地講髒話跟放屁，她說：「認識妳之後我才知道屁可以這樣放。」

　　她對妳的好，不會以愛之名綁架你，她的體貼就像《佐賀的超級阿嬤》書裡說的：「讓人察覺不到的體貼才是真正的體貼、真正的關切。」

　　她假日會自己把小孩整理好穿好衣服 1v2 出門玩，我跟 Green 就可以偽裝年輕情侶去開房（開玩笑的，只想好好睡覺誰也別碰誰）。她會跟我們說：「我自己帶小孩出去就好，你們不要跟喔！你們又不可愛。」但其實她是想讓我在家好好休息（還是我真的太不可愛了？）還有一點她實在是很專業，如果真的有對我們育兒受不了的點，她一定是「跟她兒子」說，例如：一起床就喝冰牛奶、不穿褲子睡覺之類的。她最多只會跟我說：「啊～

年代不一樣了，跟我們當時帶小孩的方法都不一樣耶～」我老公都說他媽是雙面嬌娃，轉頭都跟我老公說：「你們這樣不行啦！！小朋友的身體不要開玩笑！！」

雙面嬌娃歸雙面嬌娃，比起一堆「自己兒子好棒棒，什麼都要跟媳婦客訴」的婆婆來說，這個做法我給讚。人與人之間難免會有看法不同的時候，但有問題她是去跟兒子說不是跟我說。她是屬於小朋友一有不適就要立刻去看醫生才會放心的人，我是屬於相信免疫力，先訓練免疫力的人。但只要她看起來有點擔心，我就會先帶小孩去看醫生，因為她給我足夠的尊重，所以我也會想要尊重她。

我身邊的好朋友只要認識我婆婆的，每個也都讚嘆連連，這女的一定上過什麼「宇宙好婆婆魔鬼訓練營」，如此活好不黏人。**我討厭講孝順這兩個字，不是每個父母都值得人孝順，但也不是每個婆婆都是巫婆，爸媽愛我所以我愛他們，我爸媽對我好所以我對他們好（有些父母自私得要死還以為老了兒女會孝順他們？幻想吧。）**

我婆婆對我好所以我對她好，就像膝反應一樣自然不需要演技，我對她好不是因為她的身分，是我真切感受到她就是對我這麼好，她就是值得我愛，好了炫耀完畢。

我身邊還是有很多可怕巫婆的案例啦，像是請月嫂來煮飯，婆婆每天蹭月子餐還跟月嫂反映不夠鹹。生完小孩大出血，婆婆說這是她平常嘴巴壞的報應。每每聽完這些都市傳說，看到我婆婆的時候真的覺得她閃閃發光，真是上輩子燒愛馬仕的香燒來的好婆婆吧！我婆婆低調就不貼她照片了，差不多就是舒淇 remix Lisa 這麼漂亮，不過她本人很有名，在美崙地區沒有人喝得過她。婆婆我愛妳！

原氏霖這個角色送給我婆婆。

CHAPTER 3

半吊子女兒

我媽很特別，她特別瘋

我想寫寫我媽媽，我的媽媽是一個精神病患，我還記得她得到身心障礙手冊的時候還很爽地炫耀說她是國家認證的腦殘。我媽媽瘦瘦的，穿得很辣，很漂亮，脾氣不好。成天打小孩出氣，所以家事都丟給女兒做。我想以上這些資訊已經夠多了，大家心裡應該在想，這個一定是後母。真正的媽媽都是溫柔的、胖胖的、穿得土土的。我慢慢長大才認清這個事實，這個瘋女人，她就是我的親生母親。**雖然我常覺得她在虐待我，但偶爾在夜裡看到我媽用神龍拳揍我爸的時候，我才知道，她不是針對我，她就單純是個壞女人。我媽對我們很壞，但她對別人更壞。**小的時候我跟鄰居小朋友打架，我媽就跑去鄰居家咆哮：「○○○你以為你是誰？你敢打我女兒！信不信我打爛你？你就不要經過我家，我看你一次打一次！」鄰居不久之後就搬走了。

我妹妹在國小一年級的時候寫作業寫到哭，媽媽就跑去學校大吼大叫：「叫校長出來！叫老師出來！這個作業三十幾行！國小一年級怎麼可能寫得完？我告訴你！你給我重新出！我女兒不寫了！以後作業再這麼多她也不寫了！！」

　　但我媽其實也不是這麼不尊重老師，我每換一個導師，她都會在聯絡簿上寫：「老師，依霖很調皮，麻煩你好好教育她（頸部以下），謝謝。」我媽的原則就是頸部以上是自尊，頸部以下都是教育。我實在弄不懂她的邏輯原則到底在哪？

　　我媽憂鬱症躁鬱症恐慌症，我阻止過幾次她做傻事，不過她預判走位的能力實在太強了。上吊的時候繩子綁好我就到了；我一回家發現燒炭痕跡（但她沒 check 火夠旺就睡著，火只燒一點就滅了）；拿刀砍我爸，我妹剛好衝過去空手奪白刃……每次都是這麼巧合地有驚無險，讓我不得不偷偷懷疑她到底有沒有在偷瞄，可能她有女主角光環，不能領便當吧。

　　其實我媽的外公就是憂鬱症自殺的，不只我媽，我姐姐跟妹妹都有憂鬱傾向，所以當她狀況看起來很詭異的時候，我就會偷看她的日記，以防她想做什麼傻事。

　　有一次我在日記裡看到她寫：「今天是依霖生日，我帶

她去買衣服，希望我的女兒開心。」我看完眼淚直接彈出來，心裡真的很矛盾……我最大的煩惱就是妳本人啊！曾經有段時間很痛恨她這樣子，恨她仗著自己有病，所有人都要繞著她、讓著她、擔心她……到底辛苦的是生病的人，還是照顧你的人啊？

　　直到長大以後，慢慢了解這個病，還有我感受到自己可能也生病了之後，才開始更同理她，跟著她一起面對一切。現在的她，還是一樣要一直看醫生，吃很多藥。但她也會想改變自己，吃得健康一點、戒菸戒酒、運動，有意識的時候會想辦法對抗疾病。我也不再執著於改變她、抱怨她，而是努力同理她、傾聽她，就算不認同也不要急著否定她，因為你不是她。每個人遇到的事情就算是一樣的，感受也不一樣。每個人的體質不一樣，有的時候憂鬱就像感冒一樣，免疫力夠強可以自己好起來，免疫力打不贏的時候就要靠醫生，但也不能什麼都靠醫生，自己還是很重要。

　　媽媽，母親節快樂。快樂一直拿來祝福，可見它真的是滿難的一件事，不過我們就努力地往這個方向走吧。媽媽我愛妳，我知道只要說愛妳，妳就會開心。

＃憂鬱症不可怕可怕的是人們不能同理的心．

＃媽媽對人不可怕可怕的是我跑得不夠快

＃我媽很美但她整型很多次了

我的爸爸，我的英雄

再來介紹我爸爸吧，在我粉專留言過的人，應該都被我老爸按讚過吧？他就是我的最強按讚部隊！但他都是閉著眼睛按讚跟分享的，一支五分鐘長的影片才上線三分鐘就看到他分享了，看都不看，就是無腦分享按讚。所以如果你留了什麼阿里不達的留言被一個怪老頭按讚了，不用尷尬害羞，因為他並沒有看內容，只是想幫我製造一個很熱絡的假象而已！

要了解我爸，直接從他一天的行程開始：

06:00　爬山

08:00　洗衣洗碗

09:00　幫老婆、大女兒、三女兒買早餐 / 吃早餐

10:00　晒衣服

11:00　睡午覺

12:00　幫二女兒買午餐／吃午餐

13:30　載大女兒去駕訓班

14:00　幫小女兒買午餐

14:30　去駕訓班載大女兒回家

15:30　載小女兒去駕訓班／買三女兒的甜點

16:30　去駕訓班載小女兒回家

17:00　帶孫去公園走路

18:00　收垃圾、倒垃圾

18:30　吃晚餐

19:30　掃地／拖地／收衣服

21:00　洗澡

21:30　喝啤酒／看電視

我：「爸爸你一整天都沒停下來欸，命真的有夠苦。」

爸：「我每天都在做我喜歡做的事。」

我：「最好跑腿跟做家事是你喜歡做的事啦！」

爸：「我每天都在做我喜歡做的事。」

　　我爸從小都說我們是「甜蜜的負荷」，小時候覺得爸爸說的是甜蜜的「負荷」，長大發現他說的是「甜蜜」的負荷。

　　謝光南先生，人稱光頭，消防隊退役小隊長，也有人稱他「謝小」。在役考績永遠墊底，為何會去當消防隊呢？並不是對救人有什麼嚮往，真相是，當年我爸高中畢業，去當兵抽到了海軍陸戰隊。他有兩個選擇，三年海陸，月領 1,000；四年警消，月領 10,000，雖然我不是數學家，但警消聽起來還是挺不錯的，是吧？結果他就這樣當了三十幾年的消防員，這就是緣分吧！

　　在台北的消防隊每天出生死，在鄉下的消防隊每天醉生夢死（開玩笑的，只是想形容鄉下危險性沒這麼高，拜託不要吉我）。爸爸媽媽為了要我聽話，總是告訴我，爸爸的工作有多辛苦。但我從小有記憶以來，每次去找我爸，總是看他上班就坐在出勤台，翹腳看電視，閒得發慌。我都在想，

我最愛的爸爸。

為什麼這個工作可以領錢？不過就是颱風天時出門巡視一下，這有什麼好辛苦的？

直到有一天，我家出現一個大大的匾額「功在消防」，我才知道某次颱風風雨很大，謝小隊長見勢不妙，趕緊勸導山邊居民先預防性撤離。但當下溪水還沒有暴漲，居民們決定還是留在原地守護家園，結果當晚溪水大暴漲了，整個村莊遭土石淹沒，淹到一層樓高。我爸爸帶著隊，把居民一個一個拉出來，可惜的是，並沒有救到所有的人（還是有兩個人被沖走了），可幸的是，還好我爸爸活著。知道這件事情之後，我心裡很複雜，**原來這是他差點用命換來的匾額啊！我該替我爸爸感到驕傲嗎？好像不會，我只覺得心裡發寒。寧可他是一個貪生怕死的人，也不要這個冰冷冷的匾額。**

而且並不是每個消防隊員都是肝膽相照義氣相挺的，他曾經有次把僅剩的氧氣先給同事（我爸就是那種在《後宮甄嬛傳》裡第一集就被陷害投湖死掉的人），讓同事去拿新的氧氣進來給他。結果同事出去之後因為害怕再進去會喪命，就放他一個人在火場自生自滅。還好禍害遺千年，他憋著氣摸著黑走了出來，同事看到他活著走出來還感到很意外呢！（驚不驚喜？意不意外？）。

常常聽到我爸回家跟我媽說：誰誰誰的老婆中樂透了。意思就是某人因公殉職，老婆領了一大筆錢。這個無形的壓力一直都在消防隊員和我們家屬心中，每個家庭都有，就算用這種開玩笑的口吻，還是沒辦法改變沉重的氣氛。還好我爸爸退休了，當時他一到退休年紀就立刻退了，秒退的原因有兩個。一個是，他感受到五十歲的他已經沒辦法再出生入死救人了，到時候可能救不了別人還害死自己，更有可能的是害死別人，這種無力感隨著年紀越大越明顯。第二個原因是，他的考績永遠很差。檢查消防車輛的時候，他隊上的車總是髒髒的、亂亂的，雖然那是在演習時唯一沒有故障的一輛車，是說評分的標準到底是什麼呢？可以用？還是可以看？我問他，那你為什麼不做到可以用又可以看呢？他說他是故

意的，他永遠很白目地不屑這一切官場文化。所以早點退休也好，不要再互相折磨了。恭喜我老爸，現在快樂地過著退休生活。以前摸黑求生的能力，現在拿來摸牌也是殺遍天下無敵手！但請你記得，你現在不是在開救護車了，不要再飆快車闖紅燈好嗎？！老爸你是我的英雄，但我只想要你當一個可愛又貪生怕死的狗熊！

　　我愛你！願你平安健康，老婆精神狀況穩定。

老爸，你是我的英雄，
但我只想要你當一個可愛又真生怕怕的狗熊。

我人生最黑暗的時期

　　這個故事我沒有在社群媒體上寫過，一來是我覺得太沉重了，二來是我不確定自己準備好了沒有，但這就是我人生最黑暗的時期，最難看卻最真實的樣子，我準備好要說了，希望看書的你也準備好了。

　　從有記憶以來，我就是站在爸爸這邊的，如果爸媽離婚，最好是跟爸走，我總是覺得我爸跟我才是親生的，我媽是後母。我媽總是毫無理由地亂罵我、揍我，雖然我爸不常在家，相處時光很短但很快樂。雖然我口中總是說著恨不得他快點跟我媽離婚，去找個正常一點的媽媽，但那天真的來了的時候，我的心裡卻破了一個大洞。

　　國一的時候，我做了一個夢，夢裡有人告訴我，我爸爸外遇了。我覺得不可能，這件事情絕對不可能發生，我可以接受父母離異，但我很難接受最愛的爸爸，最好最善良的那

個爸爸會「背叛」我們,「背叛」這個家。直到很多很多的證據顯示,對,我媽媽不是無端地整天喝酒發瘋,我爸爸確實外遇了。(雖然他至今還是打死不認帳,看到書可能還會繼續裝死。沒關係,你有裝死的自由,我有寫書的自由。)

我不是一個擅長仇恨的人,這大概是我人生中第一次用到「恨」這個技能(也是最後一次)。我真心實意地祈禱,拜託那個女人出門就被車子撞死,這樣我的生活就可以得到救贖。國中三年是我人生最黑暗的時期,我每天晚上都不敢睡覺,偷偷坐在樓梯間等,聽音辨狀況。只要我爸回家,他們必定大吵架加全武行,我就得在關鍵時刻出來當陽帆,主持《分手擂台》(當然啦,是不好笑那種)。如果我爸沒回家,我媽就會一個人喝得爛醉,有時候還得去玉里的各個路邊撿屍(畢竟老女屍,路人是不撿的,只能家人自行回收)。更可怕的是她喝得爛醉就算了,還拖著只有三歲的妹妹跑來跑去,我都不知道我妹妹是怎麼活過來的?看著她覺得她好可憐,但想想覺得自己更可憐,我們到底做錯了什麼?這輩子要受這種苦,下輩子肯定要好好學投胎,不再這麼魯莽了,我恨透這種生活,但恨不了我爸,恨不了我媽,所以我只能恨透那個女人,只要她死了就沒事了。

其實最讓我痛苦的，是晚上承受這些荒謬的事情，隔天早上還要笑嘻嘻地去學校裝白痴，畢竟你們知道的，我可是班上的「開心果」，開心果就是腦袋空空，整天只愛睡覺的蠢蛋而已。愛睡覺是因為半夜看智障電視，白天才會睡眠不足，這是開心果該有的人設。如果我說睡眠不足是因為媽媽喝醉，半夜滿大街地去找媽媽，或是因為媽媽心臟病發作，把媽媽扛到急診室急救，那就不好笑了，不是嗎？**所以我假裝晚上這些事情都沒有發生過。並不是怕說出口同學就會對我怎樣，只是習慣了大家覺得我可笑的眼光，很難承受變成覺得我可憐的眼光**，所以直到高中，這些事情我從來沒有跟任何一個人說過。

　　高中考上了花蓮女中，說個做作的話，我真的一點都不想去念。因為如果我不在家，那些失控的場面會變成怎樣？我不敢想像。我跟我媽說，媽媽我真的不想去讀花女，我住外面會擔心你們……

　　我媽說：「妳就是去念就對了！我不會怎樣！」

　　我媽倒是說到做到，那些我擔心的事情真的一次都沒有發生。欸～所以……這一切都是……可以控制的？算了，隨

便啦，沒事就好，我不想去探究了。奉勸各位深陷這些狀況的人，快跑！不要把你的人生攪進別人的問題中，那是你沒辦法解決的。別自以為救世主，生命自有出口，不要以為沒了你不行，其實事實是，沒了你可能狀況會更好。

高中宿舍裡都是跟我一樣住在偏鄉的同學，高中女生晚上吃完飯後就會聚在一起聊天。某天學妹告訴我，她發現她爸爸外遇，我心裡很震驚，原來爸爸外遇這件事情可以這樣輕易地說出口，更讓我震驚的是……他爸跟我爸外遇的對象是同一位！原來那位小姐是玉里鎮上有名的公務員殺手，專吃有家室的公務員。記得那天我如釋重負，原來全世界不是只有我老爸一個人外遇呀！聽到別人口中說出自己不敢說的遭遇，感覺真好，我不再是最慘的那個人了。雖然比慘很不健康，但我就是不能抗拒地感到很釋懷。長大以後發現破碎家庭才是大多數（哈哈還是我同溫層太厚），大部分家庭都有好多問題，大家都說開了才發現自己不是少數。我的家庭真可愛～♪～純潔美滿又安康～♪～這根本是一首幻想歌曲，並不是大家都這樣的。

後來外遇事件不了了之了，但我們家庭的矛盾並沒有因為這個「玉里鎮公務員萬人迷」消失而中止。**我悟出了兩件**

事情，一、一段感情通常不是因為第三者破碎，常常是先有問題了才有第三者，先有需求才有供應。二、憎恨到最後是在懲罰自己，被你恨的人並感受不到你的恨，反而是恨人的人身心俱疲。在這個外遇事件中，她並不是唯一有責任的人，我的父母也有自己的責任和過失。

但我父母真的有過失嗎？他們對不起的是彼此夫妻的身分，並不是我這個女兒啊！她是一個好媽媽，他是一個好爸爸，之於我，他們已經做得很好了，不是嗎？我認認真真地分析這個問題，我爸爸很愛我，但他不愛我媽媽，這件事情會影響他成為一個好爸爸嗎？我看著媽媽不快樂，還希望她留在爸爸身邊嗎？我更願意得到一個快樂的媽媽。

所以我很真心地希望，他們可以各自開心，但時至今日……他們兩個還是死不離婚。只能說，愛情真的是沒有道理的。如果你的父母感情失和，千萬不要太走心，因為你用盡全力撮合，他們也不會和好；你苦口婆心勸他們分開，他們死也要在一起。只能用一句話來解釋：「別人離不離婚，關你屁事。」

不要把你的人生捲進別人的問題中。
那是你沒辦法解決的，
別自以為救世主。
生命自有出口，不要以為沒了你不行，
其實事實是，
沒了你可能狀況會更好。

祝有情人，
冤各有頭，債各有主

　　有記憶以來，我們家最常出現的問題就是：「爸爸跟媽媽離婚，妳要跟誰？」

　　家庭破碎！！我不要啊～～～～～一開始哭喊崩潰不要，深怕自己變成單親的可憐鬼（小時候覺得單親家庭很可憐，但漸漸長大覺得爸媽在家裡互砍還不如單親好了）後來因為實在太常講了，我開始覺得不能坐以待斃，要先想好自己的後路，狗急了會跳牆，豬累了也會思考。

　　我開始沙盤推演，假設父母離婚會發生什麼事？試想，爸媽離婚，我媽媽就得自立自強，不可能！我媽公主病，自立自強不可能，只有可能為了養活四個小孩去色誘一個快掛的有錢老頭？誒～那我不就從負二代變富二代？華麗轉身！脫貧捷徑啊！（死勾以～）感覺不賴！好～再想想爸爸那邊。

　　我爸有了新的老婆，後母對我不好，整天對我動輒打罵、

虐待！等等……生母不也是對我動輒打罵＋虐待嗎？仔細想想跟現在的生活似乎沒有區別。**最差的情況就是現況，那假設我不幸遇到一個溫柔的後母勒？我爸總不可能每次的交友條件都是「十大通緝要犯」吧？搞不好給我換到一個溫柔婉約的媽媽，那不是賺到！有錢的繼父＋溫柔的繼母。這個搭配組合實在太讚啦！！！來來來～給我來一套！**

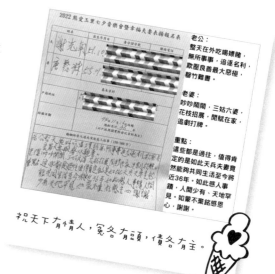

思考後從哭哭豬變成笑笑豬，直接豁然開朗。

面對「父母離婚」這個話題，我從絕望到期待，後來甚至有點興奮。每每我媽拋出這個問題，我都好害怕被發現心裡有這種邪念。**演技從小訓練，我會用有點含淚但予以祝福的嘴臉（隱隱約約還有藏不住的興奮）說：「媽媽～只要妳開心，我都支持妳。」（OS：拜託這次是真的，別再唬弄我啦！）** 結果講到現在三十幾年了，空歡喜一場，都市更新都

比我更快美夢成真。

我爸媽就這樣「吵吵鬧鬧」「打打殺殺」過了三十幾年，沒有水分，毫無誇飾，純述事。還記得進入演藝圈後，有天我正在跑《小時代》的宣傳，跑宣傳每天都是沒日沒夜的，一個城市接著一個城市，在電影院跟影迷見面、接受當地媒體採訪等等……某天半夜一點，我終於忙完卸完妝準備要趕快休息，因為隔天早上又是六點開始的行程。卻接到妹妹的電話，電話那頭是三妹顫抖的聲音：「姐姐……媽媽拿刀要砍爸爸……謝寶（我小妹）！！妳快點把刀都收起來！！」電話那頭不清不楚的哭聲叫聲，我完全不知道發生了什麼事，但我大概知道怎麼了。大半夜了，我只能很無奈很抱歉地打給朋友，請他找警察來處理……這也不是第一次了，就像以前一樣，來的警察、消防隊員幾乎都是我爸媽的朋友（住過小鄉村的人就知道），最後總是草草了事，隔天大家又裝作什麼事情都沒發生過。大人可能真的可

以船過水無痕，當作借酒裝瘋一笑帶過。但小孩呢？聽到我妹妹們顫抖的聲音，我想到當年在家裡面對同樣情況的我，也是這麼無助、這麼害怕……面對這麼恐怖且巨大的未知感，小孩真的寧可要一對離婚的父母。與其看你們每天在家裡全武行，不如離婚更健康一點！全面支持父母離婚！

結果……時隔幾年後，他們竟然去參加玉里七夕幸福恩愛夫妻？這算「山重水複疑無路，柳暗花明又一村」嗎？

我小時候思想很 2D，一直不懂，結了婚就應該好好在一起，鬧什麼？常常對他們怒吼：「不負責任！吵什麼吵？根本是不及格父母！」「幹嘛要離婚？為何要吵架？不能好好相處幹嘛結婚？」

直到長大了，尤其結婚了才知道。白頭偕老是一個很狂的誓言，真正做到不只要有愛、有緣、有分，還要有很多很多的耐心經營、很多很多的戳瞎雙眼環節、很多很多的毒啞自己環節。好的要記得，壞的又要忘掉，必須具備選擇性的記憶、選擇性的視力。

以前對爸媽說過的那些無知的話，我都收回，能在一起走三十幾年，真心 respect ！

祝天下有情人，冤各有頭，債各有主。

白頭偕老是一個很狂的誓言，
真正的婚姻不只要有愛、有緣、有份，
還要有很多很多的耐心經營，
搭配一些雙眼瞎掉的環節和耳朵聾掉的環節。

不喜歡從眾的媽媽

　　國小一年級是我第一次正式上學。對，我沒有讀幼稚園，因為我媽每天都睡過頭，起不來送我上學，於是她跟我說：「妳是不是不想去上幼稚園？」雖然不過才三四歲，但我自幼善於洞察人性，尤其是對家母研究甚深。這句話本身不是一句問話，她只是要坦坦蕩蕩地不用帶我上學，因為是我女兒自己說的，所以我得說出她要我說的那句話：「嗯，是我自己不想去上幼稚園。」（叮咚叮咚！標準答案！）

　　我媽露出滿意的微笑，一臉教子有方的樣子。「沒關係，那我們就不去上學了。」

　　所以我沒有上過幼稚園就直接上小學，你可能會問，那國小也要送上學呀？解釋一下，我家就在國小正對面，所以她只要躲過幼稚園就可以了。**我媽算是自學派的先鋒，我在家自學的這幾年，學會不少國字，東南西北風，紅中發財白**

板，還有二元一次方程式，一底加五台等於多少？哈哈抱歉，說好要平衡報導的～

　　第一天上小學，我就發現自己穿的制服跟別人不一樣。大家都是深藍色的百褶裙，我卻是深藍色的百褶「褲」裙。回家後馬上跟我媽說，媽媽這個跟別人不一樣，我媽回我：「就是要跟別人不一樣！」我能怎麼辦呢？我連想去上幼稚園都不敢說了，怎麼可能跟我媽爭辯穿裙子還是褲裙的問題。

　　才六歲的我，從來沒有上過課，要我鼓起勇氣特立獨行，實在很難辦到。我只能告訴自己盡量不要站起來走來走去，以免被發現穿得跟大家不一樣。開學兩週後，老師叫我上台，這天還是來了！！天啊～我不想啊～～我不是故意的啊～～～我從來沒有想要特立獨行～～～～都是我媽要我穿的～～～～～**我可不是從出生那刻就沒臉沒皮，我的不要臉是後天訓練出來的！！**當年六歲的我，第一次被叫上台，緊張到心臟都快吐出來，不知道該怎麼面對接下來的一切。我就知道這天會來到，我會被公審，會被丟到學校中庭，讓大家向我丟地瓜葉跟紅蘿蔔。我會為了硬穿這條褲裙付出慘痛的代價！

　　沒想到，老師說：「大家看依霖這個裙子，是條褲裙喔，

很方便～都不會走光，
女生回家跟媽媽說，
要買像這樣的褲裙
喔～」

　　然後其他班的老
師也帶我去給其他班
的同學看，簡直世界
巡迴我這條褲裙，頓
時我成了玉里國小褲
裙小皇后！原來不是
要批評我！是我自己
想太多了。回家很開
心地跟媽媽說這件事，
我媽一臉「先知＋我
永遠是對的」的臉：
「我早就知道大家會
學我，他們買的裙子
多醜啊～」

　　雖然我很受不了

我願意給我媽
靠一輩子。

我媽這種「我就是世界的真理」的樣子，但在這件事情上，我真的很愛我媽媽，覺得她實在是酷斃了，也很感謝她給我這種思考模式，才有了這樣不在乎別人眼光的我。**我媽媽永遠想在玉里菜市場穿出跟別人不一樣的風格，她總是能把別人對她異樣的眼光，轉化為「崇拜」「羨慕」。超乎常人的自信心，連我都拜服**，因為我媽媽不喜歡從眾，所以她沒有說過那些百分之八十的媽媽都說過的話：「你怎麼不學……好好讀書？」「你可不可以比……聽話？」

她罵你，打你，從來不是比較出來的。純粹就是因為你真的差，或是她心情真的差。長大以後我才發現，很多東西不用比較就可以有傷害，很單純的不美好 ^^

我媽媽有個神奇的故事，她說小時候我很常哭鬧，她以為我受驚，所以帶我上深山找高人。高人說：「這個孩子不會受驚，就是脾氣差，妳一定要能壓制她，如果沒有壓制住這個孩子，妳將會一輩子為她煩惱，如果壓制住了，妳就可以一輩子靠她吃穿。」這個故事是真是假我不知道，但有幾點蠻真實的。一，我媽真的做到了完全壓制我，完全暴力壓制。二，只要沒有什麼大意外，我確實會給我媽媽靠一輩子，而且我願意。雖然我很愛批評我老媽，但我曾經感受過她對

我完全無條件地奉獻，所以當我有能力的時候，我也會很願意把我所有的給她。種什麼因得什麼果，我感受過的，都會把她回給我媽媽⋯⋯

　　說到這邊我真的忍不住了，等等就去爆打她，啊是報答啦～報答～唉呀你說這個選字怎麼這麼智慧呢 ^^

雖然我很受不了我媽這種，
"我就是世界的真理" 的樣子。
但不得不說，她實在是酷斃了！
也很感謝她給我這種思考模式
才有了這樣不在乎別人眼光的我。

賭徒世家

光南（我爸）：「先把房子賣掉，我們貸款繳不出來了。」

阿珠（我媽）：「那是你媽留給你的房子！怎麼可以賣掉！」

光南：「那我們來Ａ麻將。」（註）

阿珠：「好。」

就這樣，我們家從原本的「家庭式理髮」變成「家庭式賭場」。

在我隱約的記憶裡，我家就被上過兩次封條。我爸爸是消防隊員，我媽媽是美髮師，妥妥的穩定雙薪家庭。光南阿珠並不需要養長輩，我爸是玉里豆腐小開，爺爺奶奶雖然沒有留下大半片江山給他，但也留了一棟房子跟一輛車子，這樣的家庭環境到底怎麼會搞到房貸繳不出來？

他們是在台北相遇結婚的。在那個錢淹腳目的年代，消

防隊員跟美髮師在台北生活得挺滋潤，兩個人隨隨便便身上都是幾十萬。我一歲的時候，奶奶突然得了癌症，爸爸身為長子，決定請調回玉里照顧奶奶，於是媽媽就從都市高級髮廊，變成鄉下家庭理髮。

不幸的是，爸爸才剛回來定居，奶奶就離世了。奶奶的驟逝對爸爸打擊很大。（奶奶名字叫做陳照子，她的一生就有如名字一樣，照亮所有的孩子。）於是我爸開始菸酒賭各種逃避人生，不去面對現實生活。（這也不好說，可能我奶奶有沒有離世，我爸都一樣會是賭徒。）

而我媽媽近墨者黑＋報復心態（你可以玩那我也要玩），夫唱婦隨，兩夫妻成為玉里鎮上有名的賭徒鴛鴦。就這樣，兩夫妻慢慢敗光家底，其實有很大一部分是股票，但我爸也是用賭徒心態去玩股票，所以也算是「賭」掉的。

我從小就陪著我媽跟我爸在玉里鎮各個賭場鬼混，其他賭徒也會帶著自己的小孩去，自然而然形成賭鬼兒女玩樂聯盟。**正常大人看到我們，可能會覺得孩子好可憐，爸媽一點都不負責任，不過其實我們可是快樂得不得了～有玩伴又沒人管，賭徒們從來不會問你讀書讀得怎樣**，他們贏錢了就給我們吃紅，心情好就帶我們去買糖果。

直到我高中一年級的時候，有天下課回家，發現所有牌咖都改到我家打牌，我們家成了二十四小時燈火通明打牌的家庭麻將館。阿珠正式從洗頭變洗牌，光南一下班就準時回家上場打牌，真正的把興趣變成職業。

　　剛開始我還不知道這是一個「營業」的行為，只知道姑姑們打電話來臭罵了爸爸一頓，說要報警舉報我們家，姑姑們覺得我爸跟我媽絕對是地獄來的父母，把奶奶留下來的房子變成賭場，讓四個還在讀書的女兒成天跟賭徒們混在一起。但姑姑氣歸氣，還是沒有真的報警抓他。（後來的確被報警抓了，但不是姑姑報的案。）

　　這個時候我們家負債六百多萬，開賭場還賭債的日子start！！

　　老爸老媽在自宅開賭場，家中四個孩子的看法是什麼呢？

　　大姐。第一個人就下猛藥，直接逃家。大姐天生就是社交恐懼，輕微自閉傾向，不喜歡面對人群，當然還有很多跟父母的愛恨糾葛就不談了，家家有本難念的經。題外話，在此我要慎重呼籲家家，好好唱歌不要再念經了好嗎？！（家家黑人問號：我們是真的愛嗎～）我姐逃家的期間，有次媽

媽半夜打給我，哭著叫我把姐姐帶回家。

　　這也太為難人了，我怎麼知道她去哪裡，但我想反正我媽肯定是喝醉了加嗑藥（精神病的藥）了，隨便答應她也不知道，就說我明天去把姐姐帶回來。當時我人還在花蓮市的宿舍裡，隔天一早就翹課搭最早的火車回玉里。一上車我就覺得好特別喔，原來第一班火車都是反著坐的呀～車子發動

了，開始往北開，我覺得 wow ～原來第一班火車回玉里還要迴轉呀！結果……我就被送進了火車維修站。這並不是第一班回玉里的車，這是一班結束工作要進廠休息的車，瞎透了，我自己都回不去了，遑論帶我姐回家。

二姐。就是我本人，我當時在花蓮住校，每週六日才回家，所以覺得影響不大。我跟我姐不一樣，她是社恐，我是社牛。對我來說，跟所有人打交道都像呼吸一樣簡單。而且缺零用錢的時候只要進去麻將間問：「有人要買菸嗎？飲料檳榔？」勤勞跑個十次，基本上就有好幾百塊進帳，比打工快多了。再說，我不喜歡他們打牌也不會改變他們愛打牌的事實呀！識時務者為俊傑，打不過就加入。一樣是賭光輸光，肥水不落外人田，至少在家打我還有油水撈。

三妹。一個字：「恨」。恨透了牌，恨透了菸，恨透了賭徒，恨透了爸爸。年紀還小的她雖然沒能力像大姐一樣逃家，但是她每天都回隔壁檳榔攤家（乾爸乾媽），她覺得檳榔攤的家才是她的家，親生父親爛透了。她有一陣子看到我爸都叫他「叔叔」（不能視他為空氣，基本禮貌還是要顧），難得回家也是臉臭得跟大便一樣。而且三妹很討厭牌咖叫她跑腿，如果有人叫三妹買菸，她一定會先問：「有跑腿費嗎？」

其實大部分人都會給跑腿費，但先被要求給小費才肯服務，這種感覺就很差，這時候人畜無害的謝寶就會跑出來說：「沒關係，我去～」然後謝寶就會獲得高額的跑腿費。

謝寶。（因為我媽生完這胎就結紮了，確定這個一定是我們家的老么，所以就說她是最小的寶貝，簡稱謝寶，有一陣子發福，牌咖都叫她吃不寶。）我媽生謝寶的時候是剖腹產，一看到謝寶就笑到停不下來，因為謝寶跟我長得實在是太～像～了。醫生說：「媽媽妳不要再笑了，我縫不起來！」我媽說：「沒辦法～這小的跟我家老二長得實在太像了！」所以謝寶一生出來就很像老二，而我生下來就是老二（懂就懂，不解釋了）。

這個小我十二歲的雙胞胎，不只跟我長得像，個性也是八七趴像，人畜無害、八面玲瓏、骯髒懶散愛出包，但我還是比較漂亮。我都說她是低配版的我，她說她是無課臉，我是課金臉。謝家的第二隻社牛，年紀又小，每個牌咖都對她很好，把謝寶當吉祥物。謝寶在賭場還扮演一個很重要的工作，那就是磨刀石。牌咖聽牌了就叫謝寶過來，然後把謝寶的手當作磨刀石，磨一磨把手刀磨利了，看能不能自摸。沒自摸就說去去去走開～沒用的東西。自摸了就大大有賞！這

根本無本生意呀！！這個吉祥物每天笑臉迎人，牌咖開心了，不只吃紅，還常常帶她去 7-11，這個謝寶簡直是整間賭場獲利最多的人。本來就討厭謝寶跟她爭寵的三妹又更恨透了這一切，恨透了這個妹妹。

不過不管我們喜歡不喜歡，我爸的所有薪水都拿去支付巨額的貸款了。這個賭場支付了我們一家六口加當時一隻狗（叮噹）一隻鳥（哈拉萬）的吃喝、學費、生活費、水電費。至少，奶奶留下來的家不用被拍賣了，封條拿掉了，我去畢業旅行的錢不用再從沙發底下挖了。豐衣足食還是離我們很遠，不過遮風避雨已經是萬幸。

題外話插播：我們搬回玉里以後，家的路口有一家檳榔攤，當時還沒有盛行便利超商，每個小區域都會有一家檳榔攤，不只賣檳榔，還有飲料。檳榔攤的夫妻，我們叫他們檳榔阿姨跟檳榔阿伯。檳榔家有三兄弟，兩夫妻非常想要有個女兒。當我媽在懷老三的時候，檳榔阿伯知道是女生就一直說要認她當乾女兒。老三一出生，美得不得了（現在還好），檳榔阿伯就把三妹抱去，把她當小公主一般寵著。當年我妹

妹要戒奶嘴，我媽前面剪破一個奶嘴，檳榔阿伯下一秒就買一個新奶嘴，我媽氣急敗壞地叫他不要寵壞小孩了，阿伯都會回：「我不知道啊，檳榔樹掉下來的。」

檳榔阿姨也是慈眉善目，每天都念佛經阿彌陀佛，從來不打罵小孩。三妹的童年都是在檳榔攤度過的，因為在那邊她就是小公主，有三個哥哥當騎士。在自家她要變女僕，姐姐們輪流使喚她，根本仙度瑞拉，有點智商都知道怎麼選。

家庭成員介紹完畢，下集賭徒們即將華麗登場。

（註）Ａ麻將：麻將場主，在自宅經營麻將場，揪麻將咖，抽頭獲利。

我不喜歡他們打牌也不會改變他們愛打牌的事實呀！
識時務者為俊傑，打不過就加入。
一樣是賭光輸光，肥水不落外人田。
至少在家打我還有油水可撈。

每個賭徒
都有一個受傷的靈魂

你印象中的賭徒們都是什麼樣子的？我想聊聊幾個我認識的賭徒。

扁嘴阿姨，身材嬌小，不孕症。後來不孕症成了先生外遇的原因，大大方方地把外遇對象請回家，扁嘴阿姨只能安靜地離開了。中年失婚、不孕，還沒讀過書的女人，在鄉下地方為了活下來，大概只有兩條路可走。一條是幫傭、做粗工。一條就是去當茶室小姐。扁嘴阿姨愛美又體弱，自然而然地選了後者。但她算幸運的，在茶室遇上了一位失婚的單親爸爸，這個叔叔正愁沒人幫他照顧雙胞胎孩子，兩個人看對了眼，叔叔就把阿姨贖了出來。叔叔長得其貌不揚，因為糖尿病瘸了一條腿，眼睛也因為糖尿病病變有障礙。但祖輩留了非常多田產土地給他，算是地方大戶。叔叔對扁嘴阿姨

十分大方，阿姨只要負責打牌就好，叔叔毫無怨言當她的提款機。扁嘴阿姨也是好咖，隨揪隨到，幾乎從不欠錢，但有個致命的缺點，就是只要輸錢就臭臉，嘴更臭，被她惹毛不願意跟她同桌的牌咖多了去了。好牌咖指數三顆星。

　　狗蛋哥，狗蛋哥只比我大十歲，是玉里鎮上的麵包師傅。不曉得為什麼他這麼想不開，年紀輕輕就變成賭徒。聽說狗蛋哥的爸爸長期有暴力傾向，鄉下地方總是人云亦云，是真是假我們都是聽說的，不過狗蛋哥他媽媽做的蔥油餅真的好吃這個倒是我鑑定過的。狗蛋早上做完麵包就下班，中午以後就在各個賭場鬼混。有一陣子買了新車，為了炫耀他的車子，常常載我上去花蓮念書，順便看一下花女的美眉。他當年在追鎮上的計程車之花，總是叫我出謀劃策，因為他覺得花蓮女中肯定是聰明人，肯定有好點子。

　　我一次幫他在花蓮市星巴克對面的鞋店樓上買了一週的廣告，寫著：「XXX 我喜歡妳，請妳跟我交往。」但我檔期算錯，導致他帶著計程車之花在那個路口繞了幾百次都沒看到廣告。還有一次，我們決定要 cosplay 陳小春〈今生今世〉的 MV 告白，我說沒問題，但火把太麻煩了，我腦洞一個大開：

「酒精膏」簡單攜帶，低成本，效果保證完全一樣。正當我沾沾自喜這種客家告白法，低成本，省錢又省力。結果他回來把我罵了個臭頭，海邊風太大，酒精膏被吹開還滅不掉，導致現場一度大失控。自此之後他再也不請我幫忙了，我的求婚事務所短暫開了一陣子就失敗收場。狗蛋哥不像阿姨輸錢就臭臉，跟他打牌滿開心，他還很會搞笑帶氣氛，但金錢概念差，卡奴，借錢給他通常要不回來，好牌咖指數兩顆星。

水泥阿伯，水泥阿伯是鎮上的泥作師傅，我以為他是打牌打到妻離子散，不過後來聽我媽說才知道，水泥阿伯的老婆也是一個大賭徒。他們從台中跑路過來，本來打算隱姓埋名，不料因為在玉里辦了結婚被地下錢莊找到，追殺到玉里，最後他老婆被討債集團逼到吞農藥自殺了。水泥阿伯本就載浮載沉的人生，原想結婚之後可以有個依歸，結果老婆自殺，他直接變成渾渾噩噩 max。去工作是為了打牌，打牌打到沒錢了，就跑去工作。他一拿到錢下班就來打牌，打累了就在我們家的沙發躺著睡，永遠躺在同一個位置，**我們家那個「水泥阿伯位」，久了被他躺出一層薄薄的水泥痕跡。他很安靜，輸錢、贏錢，都不會有什麼情緒起伏，他的人生，感覺就是**

每個賭徒都有一個
受傷的靈魂。

已經放推了。沒家沒錢沒目標，什麼事情都無所謂的態度。
沒有人想救他，包括他自己。水泥阿伯雖然個性好，但借錢
不還，長期占用沙發，好牌咖指數一顆半。等等！我忘了說
他對小孩子特別好，每次吃紅、跑腿費、過年紅包，他應該
是出手大方的前一二名了吧。拿人手短，我私人幫他加一顆
星。還有一點，我媽每次對我們殺紅眼的時候，他都勸我媽
不要這樣傷害小孩，這點扁嘴阿姨倒也一樣，最常聽到她說：

「如果我有自己的孩子，怎麼捨得打呢？」其他賭徒都是提油澆火派或是看好戲派，只有他們是真心滅火，救我一命勝造七級浮屠，再給他們加顆星吧。

賭場裡還有很多賭徒跟很多故事，每一個人看似都是無可救藥的賭徒，不過我卻看到了一群受傷的靈魂。**我知道很多人討厭賭，我曾經也很討厭，不過我的討厭不可能改變他們，反而會因為我的討厭讓我們越離越遠，越來越不了解彼此。直到我去理解，狀況才能有「一點點」改變的可能。**這些受傷的靈魂都想找個載體，可能是麻將，可能是酒精，可能是毒品（當然很多是都來啦！墮落人生全餐）。載體是中性的，麻將可以是歡樂的桌遊，酒精也可以是助興的飲料，毒品也可以是救人的藥物，只是被當成了逃離現實人生的工具。工具只是工具，出問題的終究是使用工具的人。為何他們要逃離現實呢？為什麼錯用工具了呢？每個人的理由都不一樣。但我真心希望他們都可以找到願意理解他們的人，在自己都放棄自己的時候，還有人不放棄你。願每個人都找回人生的光，沒有人是應該被世界遺忘的。

最後補充一個小故事：謝寶說她國小有次快掉牙齒的時候，狗蛋哥說要幫她拔，找來了一條線，一端綁牙齒，一端綁在門把上。確認兩邊都綁好之後，狗蛋哥大力地把門關起來。結果牙齒沒掉，是門把掉了下來。謝寶痛得哇哇大哭，才發現狗蛋哥根本綁錯顆牙齒了……所以說相信別人之餘，勿忘保護自己。害人之心不可有，防人之心不可以無。

我真心希望他們都能找到願意理解他們的人，
在自己都放棄自己的時候，
還有人不放棄你。
願每個人都能找回人生的光，
沒有人應該被世界遺忘。

爸爸肉搏虎頭蜂

　　小朋友還沒去上課的時候，我跟老公都會分工，今天你起床帶小孩，晚上就我來哄小孩睡覺。然後隔天換我起床帶小孩，他晚上哄小孩睡覺。早班晚班交替的概念啦！

　　有一天回玉里娘家住，當天輪到他起床帶小孩，我不知道哪根筋不對，突然想體貼一下老公，覺得他辛苦了，想讓他好好休息，而且我也想多陪陪我爸媽。**所以當 Green 爬起來的時候，我一隻手伸出來把他壓回床上，全身散發一股好老婆 vibe ～**

　　「你睡～我來。」Green 接受了突如其來的美意，躺回去繼續美夢（結果惡夢）。平常可能會在樓上拖延一陣子，但今天我真心誠意希望我老公好好睡覺，就用 1.5 倍速咚咚咚帶著兩隻小孩下樓了。下樓之後處理小孩尿布、喝牛奶，才剛把雜事處理完，Green 竟然起床了！還來不及問他為什麼不好

後來我家小孩掀起了一股嘲諷爸爸的蜂巢，不對啦，是風潮。

好睡覺，要這樣糟蹋我的美意。就看到他驚慌失措地扶著天靈蓋說：「我……被蜜蜂叮了。」

我：「？！蜜蜂？？？？」怎麼會有蜜蜂？

Green 就這樣踉踉蹌蹌地走到沙發上，說：「我不知道～我不知道～」（顯示為神智不清。）

之前提到過，我爸爸是消防隊員，雖然消防隊現在已經不用捕蜂捉蛇了，但他還是箇中好手。我馬上叫我爸上樓確認是什麼蜂，要不要送醫處理。光南淡定說：「他如果沒有休克的情形就不用送醫啦，觀察就好，沒事啦！」

我：「休克還得了！！你先上去看是什麼蜂！虎頭蜂會死誒！」

光南繼續淡定：「我跟妳說，基本上這個就醫，妳要判斷@＃＄％虎頭蜂其實也@＃＄％」

我真的不想在這個時候學習這個知識！！腦神經耗弱的我說：「你先上去看是什麼蜂！而且為什麼室內會有蜂？！」

謝小隊長就這樣老神在在地去二樓察看到底發生什麼事，嘴裡還一邊念道：「沒事啦～」

我小的時候也曾經在家裡發現巨蟒，我爸也是走過去像撿垃圾一樣把蛇抓起來，然後整隻蛇纏繞在他手上，他也面不改色：「誒誒～拿個垃圾袋給我，不要怕啦～這種蛇根本沒有毒性～誒誒人勒？」我跟我媽嚇到消失完全不敢接近他。

回到現代。我爸依舊神態自若地走上去我房間，那個冷靜的態度，就好像這個家的日常就是有蜂的狀態，我先一直問 Green 數學題目確保他神智清醒，不用立刻就醫。確定沒事之後，才跑上樓看一下我房間到底發生什麼事，結果在樓梯就隱約聽到「蹦！蹦！蹦！」我爸一直敲打牆壁的聲音。

我趕快打開房門：「怎麼了？！是什麼蜂？？」門一打開，映入眼簾的是整個房間都是蜂。

我爸終於不冷靜了：「虎頭蜂！」

我一聽到虎頭蜂，想也不想地立刻把房門關起來（現在想想有夠不孝）。謝小隊長在裡面大喊：「打電話叫消防隊來～～」

我說：「你不就是消防隊嗎～～～」

然後就聽到裡面有習武的聲音：「蹦！蹦！蹦！蹦！蹦！」

謝小隊長說：「太多了～～打不完啦～～」

「蹦！蹦！蹦！蹦！蹦！」

我：「可是你不是說捕蜂捉蛇的事，現在消防隊不做了嗎？」

謝小隊長：「妳快點打 119 ！大家都認識沒關係啦～～」（雙標仔仔）

不孝女兒心想：「再秋啊！」

下樓馬上打給消防隊，消防隊一來，發現這不就是謝小隊長家嗎？「啊謝小隊長自己就會用了啊～～」

我老爸這時候被蜇得滿頭包，狼狽下樓：「太多了啦！我沒有專業工具。」

原來是我房間窗外
築了一個超～爆～大的
虎頭蜂窩，小朋友起床
的時候不小心推開了
窗戶，所有蜜蜂聞涼
而至。冤大頭原本是
我，但我的善心幫我
避了難，嘖～我老
公還是學不會乖，老
婆的蜜糖永遠是毒藥啊。

虎頭蜂
肉搏現場。

感謝玉里消防隊幫我們家解除危機，還有**我老爸真的很
猛，被我關在房間赤手空拳跟虎頭蜂肉搏很久**，講完了這個
莫名其妙的故事，雖然沒什麼意義但我覺得滿有趣的，硬要
為這個故事下一個結語就是，不要太久不回娘家，不然房間
會築蜂巢。

還有多多體貼老公，妳會得到意想不到的幸運，祝大家
平安。

多多醫貝占老公,妳會得到意想不到的幸運軍!

同場加映：
我的家庭真可愛

在我要生女兒的時候，一到醫院，Green 同時傳訊息給我爸媽跟他爸媽。「依霖好像要生了，我們在醫院。」

鏡頭先來到我婆婆那邊，她人在花蓮朋友家。收到訊息馬上打電話給公公，約好等他下班立刻開車上台北。然後很開心地跟朋友說：「依霖現在去醫院的話，最快可能晚上或是明天，就可以見到我的孫女了～太開心了，我開一瓶啤酒慶祝一下！」

原住民天生技能之一：什麼都可以構成開酒慶祝的理由。媳婦開指了？海嘯慶祝一下吧（太合理了啦）！她跟我形容那個當下：「我才把啤酒打開，喝一口！才喝一口！就看到訊息傳來『生了』，然後咚！跳出一張新生兒的照片。」

她差點沒有把酒噴出來，她當年生兩三天，為什麼這女的可以生這麼快！馬上彈起來跟說大家說：「生了！生了！」依霖就這樣憑一己之力，把一桌原住民嚇到酒醒。

鏡頭再轉到火車上，原定今天就要上來陪我待產的阿珠小姐（我媽）是在火車上接到 Green 的訊息。一下火車立刻飛奔到醫院，平常公主病＋路痴的她，每次都要我跟我爸親自接送，今天腎上腺素激發，竟然自己搭車衝到醫院。她一看到我就飛撲到我身上，淚～眼～婆～娑（絕對不誇張）：「女兒～～女兒～～妳辛苦了～～～」

　　我冷冷地看著她：「……我都沒哭妳在哭什麼？」

　　阿珠：「妳知道嗎？生贏雞酒香，生輸四塊板～～（台語）」

　　我還沒回應，阿珠搶著說：「小孩勒？小孩勒？幾點幾分生的？幾克？」

　　Green：「送去洗澡了，時間寫在這，體重 3121 克。」

　　然後我媽淚都還沒乾，馬上轉頭打電話給簽牌的組頭：「喂～森哥喔，我下牌 31、21……對，好，乘二喔，沒有啦～我孫女出生了啦！哈哈～謝謝喔～乘二喔～我回玉里再拿油飯給你啦～哈哈哈哈～謝謝啦！」

　　前一秒還在哭，下一秒拿我女兒的生辰八字簽牌？編劇都不敢這麼想，再專業的演員都演不出來這個轉折。但你說我意外嗎？一點都不，因為十年前我姐生小孩的時候，這一齣我已經看過了。小孩推出來，先哭，然後

外婆與奶奶，第一次與小孫女見面。

轉頭拿生辰八字去簽牌。當時阿珠跟我說：「好緊張，嚇死我了，依霖妳在這邊等姐姐出來，我先下去抽菸。」

我：「媽，慈濟醫院下面都禁菸耶……」

阿珠：「阿彌陀佛不知道啦！香菸跟香還不是都一樣！」

看來經過這幾年，我媽除了把菸戒了，其他還算是保持一定的初心呢。

親愛的女兒，妳出生的故事充斥著：媽媽沉迷電動、奶奶沉迷酒精、外婆沉迷賭博。不過我們滿滿滿滿愛妳的心一點也沒有打折扣。歡迎來到這個宇宙，希望妳可以有美好的旅程，也很開心能夠成為妳的旅伴。愛妳。

　　雖然大家都說孩子的成長只有一次，但媽媽的衰老也只有一次（所以我希望可以慢一點），捨不得歸捨不得，擔心歸擔心，頭歸頭，腳歸腳，現在的我真的好不開心，生活過得好不滋潤！我的家庭真可愛！我愛我的家人！！

CHAPTER 4

身為女星

HOLD住姐的誕生

　　出身在一個鄉下地方的賭徒家庭的我，家境雖然說不上貧戶，但日子可以說是捉襟見肘。從我有記憶以來就是各種打工，從時薪六十一路做到高級飯店的宴會廳服務生，這肯定是我打工旅途中的超高光時刻，實習薪水一百二還包員工餐，過早或過晚甚至還有補貼交通費。當時我才剛覺得自己離脫貧又更近了一點，去麥當勞可以毫不猶豫地點大薯了，該死的飯店竟然給我整修！我正愁著自己即將斷炊的時候，一通改變我一生的電話打來了。他是我大學的好朋友，同時也是戲劇系系學會會長。

　　元慶：「ㄟ！謝依霖妳禮拜四有沒有空？」

　　我：「有啊，公司要整修，我要失業了。」

　　元慶：「妳想去上《大學生了沒》嗎？」

　　我一下子驚呆了，心臟漏了不只兩拍。**我一直都很熱愛**

表演，說不想紅肯定是騙人的，但這個機會真的在我眼前時，我卻不敢直接說好。

我：「去當 background 嗎？」（還在裝。）

元慶：「不是！今天他們製作單位打來問我說，系上有沒有比較會搞笑的，他們要舉辦搞笑賽，我就想說問妳要不要去？」

我：「我才不要，好尷尬。」（餓鬼裝小心。）

元慶：「哪會尷尬啊？」（繼續 push 我拜託！）

我：「不要，如果當場沒人笑，我真的會想一頭撞死。」（現在想想那時候真的不知道在做作什麼。）

在我身邊的同學阿璋問：「是要講笑話嗎？」（耳朵很靈敏！）

我：「我不知道要講什麼笑話誒～我不會講笑話啊～」（明明就超愛，綠茶諧星。）

元慶：「不用想啊，妳就表演之前迎新的那套啊，學弟妹每個都笑瘋！」

我：「我哪時候表演什麼去了～」（到底要做作到什麼時候？）

阿璋：「Miss Lin 變格格那個啊！」

當天試鏡的妝。

我：「可是我怕我們覺得好笑，他們覺得不好笑。」（這是真的怕啦～好怕啊～）

阿璋：「沒差啦～妳就趕快領錢趕快閃人就好啊！」

元慶：「妳不要對自己沒自信！搞不好妳表現得很好，以後還可以當固定班底。」

我：「等一下～讓我思考一下。」

元慶：「想好了沒啊，我要打電話跟那個人確認了！」

我：「好！」（再做作機會就要沒啦！！！）

於是我就帶著忐忑到爆炸的心，硬是拖著阿璋陪我去試鏡。

其實我剛上台北的第一年，就有同學帶我們去試鏡過，當時狠狠地被打槍了。我懵懵懂懂跟著去，試鏡的人冷冷地看完我的搞笑演出之後，直接請我離開，後來被聯絡的是我的辣妹同學。這件事情確實讓我很有陰影，再也沒有主動找

過試鏡。所以做作這麼久真的是心中有創傷，很怕努力地準備了，又再度面臨期待之後失落的感覺。很感謝我的朋友們不斷不斷鼓勵我，給我自信，看我明明很想去還在那邊裝半天，這麼做作他們都沒有吐出來，繼續鼓勵我。

到了試鏡那天，我就在試鏡的人面前表演完整後來在節目中的那個片段，試鏡的人同樣一臉冰冷，嘴角連抽動笑一下都沒有。我心如死灰，硬著頭皮表演完了，然後下一批進去試鏡的又是一群大辣妹。我內心再度受到創傷，**難道我的人生永遠打不贏辣妹嗎？！不是有趣的靈魂百裡挑一嗎？！現實生活最後選的還不是辣妹！搞笑就是條死胡同！別再硬撐了！不要再以為自己可以殺出一條血路，單純流血而已，不會有路的！**

結果隔天，當我心灰意冷地準備上工，繼續當我的打工仔仔的時候，接到節目工作人員的電話：「妳試鏡上了喔！麻煩再給我妳的 E-mail，我們寄腳本給妳……」

後來，後來的故事你們都知道了。

感謝我的朋友們不斷鼓勵我、
給我自信，
看我明明想吐的要吐還在那撐半天，
這麼噁心的作他們都沒有吐出來，
真是辛苦了！

從鄉下人到女明星

　　從我有記憶以來，就住在花蓮縣玉里鎮，我們擁有全台灣最大的精神病院以及全台灣最好吃的臭豆腐。沒有吃過玉里橋頭臭豆腐，別說你吃過臭豆腐，沒有來過玉里榮民醫院，別說你瘋過（開玩笑的啦）。從這些敘述，你可能隱隱約約感受到我生活的地方有點鄉下。

　　電視機裡有的東西我們現實生活都沒有，在我國小大概三四年級的時候，鎮上架設了第一根紅綠燈，鎮上的人都跑來參觀。不過大家不要以為我們鄉下人跟電視上演的一樣，會在那邊大驚小怪。我們雖然身為鄉下人，心靈上卻覺得自己什麼都懂，所以一群人直接在路口舉辦「玉里鎮第一屆紅綠燈比懂大賽」。

　　村民甲：「這個是紅綠燈啊～」

　　村民乙：「紅燈就是不能走啦～」

村民丙：「電視上都有啊，綠燈就可以過去啦～」

正當我們覺得自己的家鄉要發展起來，要跟世界接軌的時候，現實卻是……這根紅綠燈並沒有真的在使用，它永遠都在閃黃燈，它的意義就是一個教學用具，鎮民也不會看它，它唯一的用途就是：「這個叫紅綠燈。紅燈行，綠燈停，黃燈……輝～」搞笑用的啦。其實如果政府想要建設一個有教學意義的設備，我真心建議設立一個教學「收費停車場」。

我高中離開了玉里，一個人到「花蓮市」讀書，假日時家人就會上來探望我。於是一堆鄉下人一起開車去「市區」，我坐在舅舅舅媽的車子上，突然發現車子是不能隨便停的。在鄉下並沒有停車場這個概念，永遠是A點門口到B點門口，原來都市人要去「停車場停車」。

鄉下人最怕自己看起來很鄉下，所以一定不會開口問（不需要問，我們電視都看過），跟著大家的行動就對了，盡量保持冷靜、從容、淡定，所以我們就跟著車流進到停車場的欄杆前面。然後呢，別人車子開過去桿子就自動升上去，而我們車子過去桿子卻動也不動，難道連桿子都發現我們是鄉下人？！

我記憶中世界第一支紅綠燈。

　　我們想，可能是像電動門一樣有時候感應不到，於是舅舅前前後後嚕了好幾次，但桿子就是不動。後來舅舅才發現旁邊有個機器，他降下車窗跟那台機器說：「停車。」「我要停車。」「挖 ba 停掐。（台語）」越說越大聲，但不管講幾次，桿子還是動也不動。

　　舅舅很尷尬地說：「沒電了啦。」（不想承認自己不懂。）

HOLD 不住的才是人生

舅舅轉頭跟舅媽說：「妳下去把它（桿子）舉起來。」

雖然我很土，也不知道正確的打開方式，但我很確定肯定不是用舉的！！後座的我越坐越低越坐越低，低到快要平行地面了。舅媽不敵舅舅強勢的態度，只好下車去舉桿子了，舉了幾次死活舉不起來，舅媽：「舉不起來啦～」

舅舅：「大力一點啦！」

就跟他剛剛說「我要停車」一樣，不行就是不行！不是大聲就有用！終於後面的車主實在看不下去了，走下來指著按鈕說：「按這邊。」**都市人真的好冷漠，為什麼都要等到劇情演變得這麼難看了，才來告訴我這邊有個按鈕呢？我一點也不想感謝他，因為我覺得我已經糗到不能再糗了，糗到這個世界對你的所有善意對你來說都已經沒有任何意義了，你早該來了！我恨你！我恨你不早點出現！**

這就是我人生第一次到「收費停車場」的故事，都市人真的很討厭，設立了各種發現鄉下人真實身分的機制。儘管再怎麼努力裝都市，還是會被揪出來。我之後就算到了各個城市，一身土味還是籠罩著我，各類謝胖胖逛大觀園的劇情層出不窮。進入演藝行業之後，土炮氣味更是無法擋！我還

記得接到《撒嬌女人最好命》電影邀約時，跟導演約在現在大巨蛋對面的商務旅館 lobby 討論劇本，導演跟我講內容，周迅呢是妳的閨蜜，黃曉明怎樣怎樣，我還覺得這個導演有夠好笑，為什麼角色的名字要用大明星的名字啊？想不到我去拍片的時候，竟然在現場看到活的周迅，嚇得我差點沒昏倒。竟然是真的跟大明星演戲？！我……要離開啊！我不配在這個人面前演戲，我甚至不配在她面前呼吸！

其實我以前一直因為身為鄉下人而自卑，總是很怕別人瞧不起自己，怕都市人笑你很土很鄉下。入行之後更自卑，我又沒別人漂亮，一個從鄉下來的類貧戶出身的普通女孩（還沒說醜喔，嘴巴還是很硬），有時候自己都懷疑自己憑什麼走紅，憑什麼當明星。直到長大才釋然，**都市與鄉村不過就是生活環境的不同而已，各有各的美麗，真的沒有什麼好比較的。而成為明星或不是明星又如何？演藝人員也只是一項職業罷了，並沒有什麼特別了不起**。現在的我心態超級健康，我就是我啊，這就是我獨一無二的樣子，為什麼要偽裝自己呢？在任何狀況如果有人瞧不起我，那我就「瞧不起你的瞧不起，識破你的識破」！！

我就是我啊！
這就是我獨一無二的樣子，
為什麼要偽裝自己呢？
在任何狀況如果有人瞧不起我，
那我就

"瞧不起你的瞧不起
讚成你的讚成"

HOLD住我的自信

　　怎麼可以像妳一樣有自信？這大概算我私訊問題出現率前三名了吧，剩下兩題是「給嚕嗎？」跟「安安幾歲住哪？聊色？」

　　比起「自信」，我覺得「自知」更重要。自信和自卑通常是相依相生，我常常觀察，狂妄自大鬼為什麼愛膨風？其實是怕被發現自己好自卑的樣子。也許曾經受過傷，讓他總是武裝自己，因為如果被發現弱點，可能就會被擊垮，過度自信只是他的偽裝。

　　就好像當時我創造的「HOLD住姐，MISS LIN」一樣。我在設計這個角色的時候，就幫她安排了一個心靈的創傷。家裡是望族，但父母表現平平。表堂兄弟姐妹們全都出國留學，只有她土生土長，一點洋味也沒有，他們家往往在家族聚會成為笑柄，於是她的心中埋下了一顆對上流社會極其渴

望的種子。所以在這個狂妄小姐的骨子裡，其實是一個怕被比下去的深沉恐懼。

還有一種人是我讀書時期最討厭的，就是明明知道自己實力碾壓你，還不斷地吹捧你比他好，刻意表現得無比自卑。我高中的時候音樂課有才藝表演，當時學音樂都是有錢人家小孩的專利，像我這種貧戶小孩懂的樂器只有唱歌（而且還唱得不怎樣），但沒關係，反正表現很差的科目也不只有一個，死豬不怕滾水燙。而且在這種科目上老師也是很隨性的，只要有來上課，願意走上台，尚有呼吸，六十分。我也就圖那個六十分就好，不求表現。

有次，我還沒上台，隔壁同學就一直說：「依霖，我真的覺得妳好厲害喔，我好爛，怎麼辦？」我說：「沒有，我就是唱一首 SHE 的歌，我真的不會樂器。」「妳一定會很厲害的樂器對不對～怎麼辦我好爛～」（妳臭耳人嗎我就不會要講幾次？！）她完全沒有要聽我講話，自顧自地瘋狂吹捧我，然後自貶身價。

就在我表演完翻車版〈一起開始的旅程〉後，隔壁那位姐搖搖擺擺地上台了。那個自信大約就是花蓮女中朗朗，頭部之震動，指尖的小精靈在鋼琴鍵盤上旋轉、跳躍，她閉著

眼，全班（包含老師）都徜徉在這個琴聲中給感動得嫈嫈的，But!! Without Me!!!!!! 我直接白眼連發，白眼翻到連《冰與火之歌：權力遊戲》裡的布蘭·史塔克都自嘆不如。我去試鏡可以直接上，根本不用特效化妝。

這種謙卑法只讓我覺得噁心。雖然我知道在華人的教育裡，都要謙卑謙卑再謙卑，但說實在有時候過了頭，kind of 凡爾賽文學，拐個彎自捧，更噁心。

後來長大以後，我發現自己竟然也開始犯一樣的錯。有次在一個圈內長輩的局裡吃飯閒談，通常這種局中我就是最嫩的（當年是最嫩的，現在已經……），某個長輩可能問，誒 HOLD 住妳在哪個節目怎樣怎樣，聽說妳現在很不錯如何如何的，我就一直覺得很不好意思，沒有啦，很普通啦，那個沒什麼啦……後來一個姐姐認真跟我說：「我第一次看到妳的時候，跟我想的很不一樣，妳很謙卑，很害羞，可是感覺好像有點過頭了，妳的成就跟妳的自信不成正比，可能會讓我覺得有點怪怪的，妳應該更有自信呀。」我突然被她點醒了，我竟然變成以前我討厭的那個樣子，**曾經我因為爆紅速度太快，又很幸運地轉型去演電影，連自己都不敢相信可以這麼幸運，當然過程中也承受了不少嫉妒的眼光，當時的**

我以為，只要極度的謙卑就可以避免這些問題，不過後來發現，凡事還是得有個度，過頭了，就會有其他的副作用。

現在的我，覺得讓別人跟自己最舒服的狀態，就是「自知」，我知道我有幾分，我能夠提供別人什麼？別人想要從我身上得到什麼？我又想從別人身上得到什麼？我與對方是否有達到正向的交易。有沒有 win-win？

我，謝依霖，有趣，幽默，善良，喜愛社交，沒有自制力，不懂得拒絕，微胖，總是想減肥卻又很愛吃。不是大美女，但後天課金後稱得上小漂亮。不是很聰明，但是很認真。八婆體質，沒有威嚴但超有愛的媽媽，孝順卻叛逆的女兒，正面又健忘的老婆。

每個人都是各種面向的，知道自己的長處與短處。該自信的部分勇敢自信，該謙卑的部分保持謙卑。自知，自己舒服，別人也舒服。愛人先懂得愛自己，愛自己先了解自己。

每個人都是各種面向的，
知道自己的長處與短處，
該自信的部份勇敢自信，
該謙卑的部份保持謙卑，
自知，自己舒服，別人也舒服，

愛人先懂得愛自己，

愛自己先了解自己。

女明星痔瘡日記

　　說起我與痔瘡的相遇，那要從升高中的那年暑假開始。從玉里小鄉下考上花蓮市的高中，開始了我的住校人生。

　　花蓮女中宿舍的廁所是連排沒有接天花板的「蹲式」馬桶。你如果了解女生，就知道女生做什麼都要「一起」的，這才是 the best 的表現，這樣才是真的姐妹！一起洗衣服，一起洗澡，一起上廁所。沒有天花板的廁所更適合我們一起拉屎，一起聊天。而且，我拉完，妳還沒拉完，沒關係，為了證明我們夠姐妹。～♪～我等妳，半年為期，逾期就……哈囉～不要突然唱歌！而且半年也太久了吧。

　　就這樣，**姐妹情深戲碼讓我開始了與阿痔的羅曼史。起初，他只是小小萌芽，我偶爾才會看到他的出現，但我不了解這個東西就是大家所謂的痔瘡**，看到同班同學書包裡有「消痔丸」還帶頭恥笑她，哪有一個少女書包放「消痔丸」！這

不是中年男子才有的病嗎？殊不知，自己早也是患者之一，一點病識感也沒有，十人九痔真的不是喊假的。

　　直到出了社會，我從一個二八年華小少女，搖身一變成了都會女子小明星，常常穿梭在各個國際大機場。有一次在飛往歐洲的路上，十幾個小時的旅途，我第一次發作了……別人的機場 OOTD（今日穿搭）都是那麼地酷，我的機場 OOTD 卻是那麼地腫。十幾個小時我完全無法正坐，整整十幾個小時，我就騰空側坐，看著隔壁的人。我也不想管他覺得舒不舒服，就當我愛上隔壁座歐洲禿頭佬好了。冷汗直流的我，在心裡對以前那些我嘲笑過的痔瘡患者深深道歉，原來發作起來這麼可怕？！這……這就是……阿痔嗎？痔哥，過去是我有眼不識泰山，不知道您威力如此強大。當下，我想到我嘲笑過的那瓶「消痔丸」。**我好恨我自己，恨自己當時沒跟那位有遠見的女孩請益，如果當年我就把阿痔扼殺在搖籃中，現在他也不會這麼猖狂。一邊冒冷汗，一邊保持臀部半騰空的我，眼神射出殺氣，我告訴我自己，下飛機！一下飛機！一有了網路，我立刻就去預約手術。一刻都不要留！！**

　　終於讓我熬過了阿痔魯夫三檔的狀況，原本說好要立刻

斬草除根的我，老毛病又犯了，好了傷疤忘了痛，想想這一切太糗，讓我屢次卻步。雖然說我平常就是靠著出糗跟被笑賺錢，但是人都還是有個極限！還是說其實當時如果真的有個割痔瘡真人秀，我就衝了？還好沒人想到這個，反正現在也不痛了，乾脆就算了。

清零跟共存，我又再次選擇了共存，就這樣反反覆覆，每次發作，都會邊冒冷汗邊咬著牙想：「這是最後一次了！一定要斬草除根！」但隔天好了又馬上轉念，開屁股實在太糗，共存共存吧。

直到我生完第一胎。生過孩子的媽媽都可以理解，懷孕的便祕 × 生產的用力＝巴洛克式阿痔。他猖狂到我的兩片屁股已經遠距離戀愛了，左屁股跟右屁股從沒想過，有一天兩個人會分開旅行，緣分就是這麼難說。Never say never!!

生產完醫生來會診的時候還說：「痔瘡很嚴重。」

這種時候被講就有點玻璃心碎覺得被酸，但老實說醫生也是難當，他要怎樣講得多委婉才不會覺得被酸？「嗯，花開富貴了喔～」（不行，感覺更酸。）

我說：「我知道……請問現在可以去割嗎？」

醫生：「現在不行開刀，我幫妳塞回去，妳會舒服一點。」

我說：「不行，我塞過了，塞不回去。」

醫生：「沒關係，我幫妳用看看。」

我：「不行！！真的不行～～～」

隨之，病房傳出我地獄式的吼叫。

醫生：「真的是塞不回去誒……」

醫生也是 never try never know 的心呢！麻的法克！真的不能再這樣下去了！這次我告訴我自己，不許再有第二次！這種慘案，真的不許再發生！等我做完月子，我一定去開刀，等我餵完母奶，我一定去開刀。

然後……我又懷孕了，巴洛克阿痔再次華麗登場！等我做完月子，我一定去開刀，等我餵完母奶，我一定去開刀。不知情的人還以為我跟阿痔有什麼七世姻緣，不分就是不分。直到我兒子一歲半，疫情也趨緩了，再拖下去，阿痔就要跟我陪葬了，我終於到花蓮慈濟醫院正式預約看診。

這一切太糗，讓我屢次卻步，
雖然說我平常就是靠著些來賣弄搞笑賺錢的人，
但人都還是有個極限啊!!!

痔始痔終——
不經一痔不長一智

到了直腸外科，等待的時間滿久的，大約十個人有九個人都是舉步蹣跚的鳥樣。笑？有什麼好笑的？但凡有點同理心的人都笑不出來吧。

等待的時間雖然久，不過進診間之後，算是滿直腸子的看診節奏，什麼都不用聊，直接脫褲相見。

跟我想像的一樣，看屁股就是這麼糗。不過我告訴自己，這是最後一次了，咬牙過了就好，想想成天怕他發作，畏手畏腳的樣子！我還要再回去過那樣的日子嗎？不！再糗也得忍，**細節我忘了怎麼選，但每到這種開刀時刻，我就完全土豪病上身，客家精神全拋，不管要多少錢，所有能自費的項目全部給我來就對了。平常功課做得少，不懂其中的差異，只好秉持一個原則：「貴的比較好。」安慰自己花了錢就可以讓身體舒服一點，值！又或許心痛的感覺可以壓過身體的**

疼痛吧。

開刀前一天，長期都在二十四小時育兒地獄的我，在打包行李的當下其實有種去渡假的感覺，難得我要拋家棄子，一個人的旅行呢！殊不知我迎來的根本煉獄之旅。

當天並沒有排到單人房，但我也沒抱期待，本來單人房就是靠祖上積德才等得到的好福報，只求隔壁不要太吵就好了。我很幸運，隔壁病床是一對母子，媽媽乳房開大刀，暖男兒子在旁照顧，兒子很怕吵到媽媽，連翻個身的聲音也沒有，媽媽也很怕麻煩兒子，總是叫兒子多休息，畫面好不美好，母慈子孝的。

老公幫我送棉被枕頭來就回去顧小孩了，整個晚上我一個人乖乖地在病房看劇看書，雙人房相安無事，安靜得很。直到早上五點多，護理師來通知我是第一台刀，要先準備，隔壁的母子還在睡覺，我躡手躡腳到廁所，護理師在廁所等著我，開刀前都要先清腸，我心裡已經做好準備了。

但是，我沒想到的是……平常浣腸用的是 shot 杯，開刀灌腸，用的是好市多家庭號！！不行！這肯定是會死人的，我菊花他酒量真的沒這麼好！！護理師不顧我瞳孔震動，一個手起刀落，嘩啦嘩啦嘩拉～～齁搭啦～人真的有無限可能，

我屁納百川，有容乃大，全部都呼嚕呼嚕呼嚕喝進去！護理師說：「好～忍一下喔。」

我忍，我忍耐的極限就是她走出去的那一秒，手刀扣上廁所門！碰碰碰碰碰！！轟隆轟隆轟隆！！外面母慈子孝，我在裡面槍戰，外面 24 孝，裡面 24 反恐任務。直到我炸完整瓶好市多家庭號之後，還是久久無法走出廁所，護理師輕柔地在門口說：「還好嗎？」

我：「嗯……沒事……」**如果恥到想吞拳頭自盡不算的話，我很好。該面對的還是要面對，我鼓起勇氣神態自若地走出廁所，沒什麼，真的還好，決定開刀之前，這些我都想過了，OK 的……這些都會過去的，我告訴自己。**

但，這只是羞恥開刀之旅的開場而已。

走出廁所，護理師帶著我做好準備，我終於上了開刀床，被推進去一台一台地等著，我期待醫生快把我麻下去，什麼痛啊恥的都會在此刻與我訣別。

結果進手術室不是先麻？是先翻過來翹屁股脫褲子！原來開屁股有開屁股專屬的開刀檯？！那個開刀檯不是平面的，長「ㄑ」這樣。護理師讓我掛在上面，太專業了這太專業了

Ｔ０Ｔ真的沒想到，我以為會先敲暈我再翻面，真的太傻了，我這麼巨大，要幾十個人才能翻面，當然是先讓妳自行翻面等待啊！痔瘡手術這水真的深，不經一痔，不長一智。

我就呈現一個跳水姿態，屁屁套一個中間有洞的手術用布，手術燈全開，spotlight 照亮我的痔，Miss 痔個人演唱會！第一首痔信主打「痔從有了你」，阿痔人生高光時刻！

命運每次都喜歡在我最恥的時候給我來一組「羞愧升級商務豪華餐」，護理師淡淡地說：「醫生開會有點延遲了，稍等一下喔～」God damn ！！ spotlight 開演唱會就算了，還給我延長安口曲？

終於醫生來了，麻醉上了，開完，可以結束了吧這一切。下一秒我迷迷濛濛睜開眼睛，只記得一直不斷喊叫加止痛藥。昏昏睡睡過了一整天，直到我稍微清醒可以換藥了，新換班的護理師來了：「謝依霖大德～」我還在微醺，褲子就被拖下來，翻過來，隨便了啦～個人演唱會都開了，我還在乎啥呢？護理師說：「妳是『秒殺公主』對不對？我是『基礎護理學』。」

真的是岸羚羊啦！！為什麼要在這個時候跟網友相認？！我實在沒想過，我人生會有一天，要讓打電動的戰友

幫我的阿痔換藥，我真的可以出一本《恥の極限》。

「啊妳都沒在玩了喔？好久沒看到妳上線耶～」

ME：「對啊，生完小孩真的是沒時間，呵呵～」

為～什麼我要跟「他」（對，是「他」沒有錯）用這種狀態，這個時機點，家常閒聊呢？之後，每個換班的護理師、放射師、義工，每一個人！都認出我！！不是我的粉絲，就是網友，老同學……好啊好啊！全世界都認識我啊！！

我人生最紅最 hito 的時刻，就是我痔瘡開刀的時刻，我就是痔瘡手術界人面最廣的啊，而且大家都自然到不行，只有我尬到頻頻咬舌。拜託法律規定一下好不好，痔瘡手術時請不要認親與閒聊。或是痔瘡手術時建議匿名＋戴面具，不然其實手術很小，但心靈創傷的副作用太大了。

寫到這，自己都笑出來。為什麼要這麼鉅細彌遺地交代痔瘡的故事呢？難道我真的是一個大怪胎嗎？那天跟我老公聊天，我說：「很多不認識我的人都覺得我是怪胎，但其實真的夠熟就知道，我做很多事情都是有道理的，你不覺得嗎？」

我老公：「沒有。我認識妳這麼久了，還是覺得妳就是一個怪胎。」

好吧，就這樣被枕邊人認證怪胎，我也只能認了。就讓我繼續高處不勝寒吧。so cold～

最後只想提醒所有考慮開痔瘡刀的朋友，真正最痛的大魔王，就是開完刀後的一個禮拜排便，每一次我都是捏著廁所門把，全身冷汗結束，一有屎意，眼眶就在泛淚了。我是一個很能忍痛的人，第一次生小孩我都可以忍到三指半才去醫院，眼睛都不眨一下的。但這個痛，一整個禮拜，我都是從廁所哭著出來的，屁如刀割，屁痛如絞，言語無法形容的地獄。

直達最終考驗，拆線。痛度沒有排便痛，但恐慌指數百分百，拆線的時候，一緊張就收縮，一收縮就碰到剪刀，一碰到冰冰的剪刀又忍不住收縮，深怕一個不小心就釀成大錯。

醫生一直叮嚀：「不要動喔！一定不要動喔！」

太難了！！在玩什麼電流急急棒嗎？！根本不可能不動啊！！而且這個結是中國結還是什麼結？我深深懷疑他在我的尾椎編織一條龍誒，不可能有這麼多結吧！！到底要拆多久～～

拆完線從醫院走出來，我還是久久無法平復。這個痔瘡

之旅，真的讓我身心俱疲到幾度懷疑，我為什麼一定要除掉他？我們可以一起紅塵作伴過得瀟瀟灑灑～♪～不需要弄得魚死網破呀！依霖啊依霖，傷敵一千自損一百，是否我終究還是太衝動了呢？

完整開完刀一年了，曾經我的門庭若市，如今的我門可羅雀。我門還是我門，也不是我門了。我的感想是，這個過程，痛度一百，恥度一萬。但擺脫阿痔的人生，讓我這一年如沐春風，再也不怕隱隱作痛，再也不需要擔心他貿然出現，就像甩掉了一個渣男一般。身！心！舒！暢！

分手（開刀）當下真的很傷很痛，痛到懷疑我其實不一定要離開他，痛到相信這個傷痛我絕對承擔不起，不過當你真正地離開他，你就會知道，牙一咬過，你一定可以擁有更美好的人生！不適合的對象就要像割痔瘡一樣，不割，痛；割了，更痛。不分，痛；分了，更痛。但，大澈大悟，痛到底了，就浴火重生了。結束即開始。

祝福各位身體安康，愛情順遂。天啊我竟然拿痔瘡來比喻不適合的愛情，諾貝爾文學獎是否要考慮一下我了。小痔故事多，充滿喜和樂～♪～若是你得了小痔，歡笑特別多～♪～

不適合的對象就像割痣瘡，
　不割，痛，割了，更痛，
　不分，痛，分了，更痛，
　但大徹大悟，痛到底就浴火重生了，
　　　　　結束即是開始。

別懷疑，
我是一線女星！

　　歷經大澈大悟的割痔，一線女星回來啦！最後就來講講「真・一線女星」的故事。

　　2013 年，我突然接到一個非常喜歡的導演的邀約，對，就是前面講過，談完還覺得導演很奇怪，為什麼要把男女主角的名字取得跟大明星名字一樣，愚蠢的我到現場拍戲了才發現，這是一個reallllllll 活の周迅，言語已經無法形容她在我心中神的程度。

　　第一場戲我根本無法直視她的雙眼，我是什麼角色？！膽敢在周迅面前演戲？！這種壓力好比要你在阿妹面前唱歌，在證嚴法師面前講道理，在安柏赫德面前說謊（誒？） 真的是覺得自己演什麼都像大便，所以我第一天的戲基本上就是搞砸了，雖然導演沒有指責我，只是叫我放鬆一點，但我知道我爛爆。

第二場戲很幸運地跟第一場戲距離滿久的，我有好一陣子的時間可以重新調整自己，但我要怎麼調整呢？這個心魔比我的痔瘡還大（割掉了感謝醫生～）我到底要怎麼把她當作我的姐妹？How？？跟她一起呼吸我都覺得自己玷汙了空氣啊！

我每天都跟自己對話（先把自己灌醉）：「什麼周迅啊～我才不怕妳勒～」「有什麼了不起，還不是跟我一樣會吃會拉。」「放屁只是沒有讓我聞到而已，一定很臭啦！」「根本沒有什麼好怕的！兩個眼睛一個鼻子啦！她就人啊又不是神！」

隔天宿醉起來就清醒了，「沒有，她就是神，我就是屎。」「她的眼睛就是有靈魂的眼睛，我的眼睛就是臉上開兩個洞。」

就這樣反反覆覆自我對話。世界從來不會等你準備好，戲還是得繼續拍。就這樣，精神分裂的我最終還是完成了，憒憒懂懂也就拍完了。

在最後拍劇照的時候，當時我被排在第二個拍，迅姐已經在拍了，我進去的時候發現，現場氣氛怎麼有點凝重，但我才剛到，也不知道前面發生了什麼事情，於是我就拿出我

的專長「炒氣氛」，再怎麼冷掉的場面我都可以讓它起死回生，插科打諢，撒嬌賣萌，吞拳頭跳火圈，後來順利拍完了，現場大家也都很開心。

我和我的女神。

　　迅姐要離開前，跟她的工作人員說：「我就跟你們說，這部戲有她很棒。」

　　這是我第一次正面聽到她稱讚我，幸福來得太快，眼淚一下子衝出來！原來我在姐姐心中是正面的評價Ｔ口Ｔ我雙腿一軟，快跪下來：「姐妳不要這樣說，折我的壽哪。」

　　迅姐說了一句我永遠記得的話……神就是神，稱讚人也可以讓人如此舒服自在。她說：「拍喜劇妳可以當我的老師，演悲劇我就是妳的老師。」

　　她這一句話狠狠敲爆我的腦袋。妳敢說，我就敢信哦！我就不要臉地接受她這個誇獎囉，她在我心中的神級程度又再次升級到更高的維度了，女神神神神 plus，從裡到外，從技術到人品，都讓我投地再投地，我愛她轟轟烈烈最瘋狂，再閃閃發亮的人也有需要幫忙的時候，再不起眼的人也有閃閃發亮的小舞台。

這次之後我深深感受到，**我應該在自己的領域中更有自信，我有我自己專長的領域，我們都在各自的領域展現不同的才能，我們都在不同的領域閃閃發亮。**也許我可以去找阿妹打 lol，跟證嚴法師 pk 凌波舞，找馬斯克打麻將了（誤？）

　　再普通的人都有閃閃發亮的時刻，我在我的領域很一線，你在你的領域裡，也是。

我在我的領域很一線。

再閃閃發亮的人也有需要幫助的時候，

再不起眼的人也有閃閃發亮的小舞台，

再普通的人都有閃閃發亮的時刻，

我在我的領域裡很一線，

你在你的領域裡，也是！

同場加映：
身為閨蜜 —— 紀念Viki

在我出道的第二年，剛嘗完爆紅的甜頭，開始感受到熱度過去，正在苦思著如何走下一步。說是苦思，其實也沒有認真在想。當時剛被劈腿，整天只想酗酒沉溺網路，苦思的是我剛換的經紀人，她叫 Viki，是個牡羊座的漂亮女生。聽說她之前是做節目製作人，最近才開始轉部門做經紀，看我整天攤在家耍廢，沒節目可以上，她突發奇想讓我上康熙卸妝，過沒多久，郭導看了這集節目，決定找我去試鏡小時代。

我就這樣從沒節目到有電影演，編劇都不敢這麼寫，兩個菜雞看似柳暗花明又一村，幸運地擠進身電影圈了。沒想到新的村子看起來很美，租金卻也很貴，在這個村子裡，我們兩個是入不敷出的貧戶。她就用她以前做節目的資源，用友情點數換衣服、妝髮等等……努力讓我這個土包子在新的村莊裡，看起來不那麼格格不入。

眼看苦日子終於要捱過了，公司來了新的主管，很

我的閨蜜 Viki。

多事情有了改變。不過於此同時，其他公司也在跟她招
手，就這樣，從開始到結束總共兩年，我們短暫且精采

的夥伴生活結束了，但我們的友誼並沒有因此畫下句點。我們還是常聯絡聊天，甚至還說要到她老家玩，但總是沒有真正的行動。

彰化我從來沒去玩過，今年去了兩次。第一次是她病危，第二次就是葬禮了。

為什麼人總要最後關頭才急著去行動，我在想她會怎麼回我。猜她會說：「沒差啦！妳帶小孩比較重要。」我們沒在一起工作後，一直都是遠遠祝福。只是沒想到，這次這麼遠。很抱歉，上次去找妳的時候我沒有好好跟妳說，謝謝妳在我谷底的時候，抓住我。謝謝妳曾經幫我擋下這麼多不友善的眼光。謝謝妳留下這麼多好朋友給我。

妳走的那天，我在跑《星之沙龍》的宣傳。下午上《女人我最大》，飛飛看到我就飆淚。反而是我在安慰她，我是什麼冷血動物嗎？後來又去了《十一點熱吵店》，我講了妳一直叫我講的火車故事，雖然效果沒有到很好（可能我要換個講故事的方法啦）。晚上上蝗蟲的 Podcast，蝗蟲哭喊著想賺錢，我想妳現在去天上了，不知道可不可以幫蝗蟲喬一下。還有早上跟老陳咪民討論妳沒完成的精油項目，我心裡還在想：「如果有奇蹟，

V 好起來了，我們還可以一起做。」可是，奇蹟沒來。

不過，這一整天好像都是在提醒我，妳沒有離開，只是用不同的形式在我們的身邊，看不到的形式。

我去看妳的那天，距離妳離開第十一天了。看到妳的爸媽、哥哥嫂嫂。他們終於能開始正常地說笑，心裡替妳放心了一下。天，不會塌下來的。發生再大的事，世界也都還是繼續轉動，不是嗎？

妳呢，也放心地走吧，去更高更美好的世界。人生像一部列車，身邊的人上車、下車。沒有一個人可以陪你自始至終走完全程，當有些人下車時，我們還可以用記憶收藏她。

今天我的好朋友正式下車了，我用這篇文章，寫下一些跟她的回憶。

寫一本書
原來是這種感覺

　　寫到現在，六萬三千五百八十個字，有一部分是新寫的，有一部分是舊的。人生算是解鎖了新的項目「寫一本書」。說真的還挺不容易的，一篇一篇小篇寫起來輕鬆，要把每一篇串連在一起成為一本書實在是大學問。不過辛苦是值得的，以後還可以跟後代子孫吹噓，老娘可是出過書的，別還真以為我就是一個普通的超級巨星呢！我就是那種內外兼具，色香味俱全的一道美味佳餚。

　　寫到最後一篇，好像總是得跟讀者交代一些什麼，我想了好久，到底寫這些要傳達什麼？想給你們什麼？首先當然是快樂，我一直都最希望帶給觀眾快樂。不過「一直快樂」是不可能存在的，但我希望，在你低潮失落時，可以給你一些力量。因為我的生命中也有低潮、失落的時刻，那段時期也是靠著別人給我的小光點，讓我慢慢走回屬於我的軌道。

而有一天，你，現在正在看著這段文字的你，也能給別人一點溫暖、一點開心。不用很多，只需要一點，讓別人相信，生活不是一場苦難。

我們都是演員，演著人生這場戲，一下子演媽媽，一下子演女兒，一下子演女明星，這些都是角色，你進得去，也要懂得出得來，能在每個角色之間游刃有餘地穿梭，才是好演員。

感謝

　　我印象最深刻的國中課文中有一段話：「要感謝的人太多了，不如就謝天吧。」國中看到只覺得「聽君一席話，如聽一席話呢。」現在自己要打感謝的文章，還真的很想引用這一段。人生旅程暫時用一本書來交代感覺有點草率，而這些感謝又要濃縮成一篇文章，可謂是草中草，但其實我不想一個一個感謝，我想討論「感謝」這件事。

　　把感謝用在每一刻吧，感謝是一個很舒服的狀態，我謝謝今天早上一位對我微笑的健身房櫃檯，我謝謝種出好吃的菜的農夫，感謝現在轟隆轟隆的雷雨，讓我腦袋冷靜下來寫這段文章，我謝謝每分每秒出現在我生活中的人事物。所有細節都值得感謝，感謝讓我感受到快樂、充滿愛。但感謝真的不容易，感謝是需要練習的，曾經我以為感謝應該很慎重，應該要回饋，才是真的感謝，但我現在真心感謝身邊所有的

人事物，感謝其實不需要任何壓力，感謝沒有這麼沉重。我昨天眼睛出現血塊，於是趕快跑到我家附近的那間眼科診所掛號，眼科醫生說沒有大礙，點個藥水就好了，我走出診間前跟醫生說：「醫生，謝謝你之前發現我先生重症肌無力，所以他沒有耽誤很久。」醫生笑一笑說：「沒耽誤就好，這是我的本分。」雖然這個感謝來得很突然，但我走進這間診所的時候心中就有滿滿的感謝想說，我真的很感謝這個醫生，因為很多眼肌型肌無力的病友在眼科看了很久，都沒被診斷出其實是肌無力，而我先生第一次去看眼皮垂時，醫生就發現了。我心中對醫生一直有著感謝卻沒有當面表達，現在終於有機會當面傳達這份感謝。所以我在想，如果有一天，我當面遇到你，我會感謝你，感謝你陪我完整了這本書，我說的你，是曾經在我生命中出現過的每個人事物。感謝你。感謝宇宙。

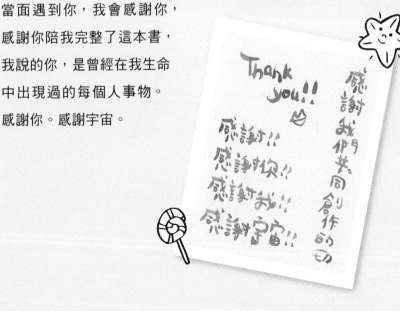

Thank you!!

感謝!!
感謝你!!
感謝我!!
感謝宇宙!!

感謝我們共同創作的一切

國家圖書館出版品預行編目資料

HOLD不住的才是人生：媽媽、老婆、女兒、女明星，沒一個做
得好，卻把自己過得很好！／謝依霖（HOLD住姐）著.
-- 初版. -- 臺北市：圓神出版社有限公司，2023.11
272面；14.8×20.8公分. --（天際系列；16）
ISBN 978-986-133-897-2（平裝）
1. CST：謝依霖 2. CST：自傳
783.3886   112015395

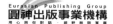

www.booklife.com.tw   reader@mail.eurasian.com.tw

天際系列 016

HOLD不住的才是人生：

媽媽、老婆、女兒、女明星，沒一個做得好，卻把自己過得很好！

作　　者／謝依霖（HOLD住姐）
發 行 人／簡志忠
出 版 者／圓神出版社有限公司
地　　址／臺北市南京東路四段50號6樓之1
電　　話／（02）2579-6600 · 2579-8800 · 2570-3939
傳　　真／（02）2579-0338 · 2577-3220 · 2570-3636
郵撥帳號／ 18598712　圓神出版社有限公司
副 社 長／陳秋月
主　　編／賴真真
專案企畫／尉遲佩文
責任編輯／吳靜怡
校　　對／吳靜怡 · 尉遲佩文
美術編輯／蔡惠如
行銷企畫／陳禹伶 · 黃惟儂
印務統籌／劉鳳剛 · 高榮祥
監　　印／高榮祥
排　　版／陳采淇
經 銷 商／叩應股份有限公司
郵撥帳號／ 18707239
法律顧問／圓神出版事業機構法律顧問　蕭雄淋律師
印　　刷／國碩印前科技股份有限公司
2023年11月 初版

定價410元　　　　　ISBN 978-986-133-897-2　　　　版權所有 · 翻印必究